TRAITÉ

DE LA CONJUGAISON

DES VERBES.

AUTRES OUVRAGES DU MÊME AUTEUR.

LES PREMIÈRES NOTIONS DE LA GRAMMAIRE FRANÇAISE, ou Exercices sur les Parties du Discours, ouvrage utile à tous les élèves qui commencent à écrire, et qui sont en état de copier. Seconde édition. Prix, 1 fr. 50 c., et 2 fr. franc de port.

GRAMMAIRE FRANÇAISE ÉLÉMENTAIRE, ouvrage à la portée de toutes les personnes qui n'ont aucune notion des principes de cette langue. Neuvième édition. Même prix.

GRAMMAIRE DES ENFANTS, abrégé de la Grammaire française élémentaire. Un vol. in-18. Prix, 75 centimes.

ANALYSE GRAMMATICALE, suivie d'un Abrégé d'Analyse logique. Même prix.

TRAITÉ DES PARTICIPES. Seizième édition. Prix, 1 fr. 25 c., et 1 fr. 60 c. franc de port.

CONCORDANCE DES TEMPS DES VERBES, et particulièrement des Temps du Subjonctif. Dixième édition. Même prix.

TRAITÉ DE LA PONCTUATION, contenant plus de quatre cents exemples divisés en douze chapitres. Neuvième édition. Même prix.

CACOGRAPHIE rangée dans un nouvel ordre, ou Exercices sur l'Orthographe, la Syntaxe et la Ponctuation. Septième édition. Même prix.

CORRIGÉ DE LA CACOGRAPHIE. Même prix.

VOCABULAIRE DES HOMONYMES FRANÇAIS. Seconde édition. Prix, 2 fr. 50 c., et 3 fr. 25 c. franc de port.

ÉLÉMENTS D'ARITHMÉTIQUE, ouvrage divisé en six parties, dans l'ordre suivant : *Calcul des Nombres entiers, Calcul des Fractions, Calcul des Nombres complexes, Calcul des Fractions décimales, Proportions, Solutions de plusieurs Problèmes.* Seconde édition. Un vol. in-12. Prix, 2 fr. 50 c., et 3 fr. franc de port.

PARIS. — IMPRIMERIE DE CASIMIR,
rue de la Vieille-Monnaie, n° 12.

TRAITÉ
DE LA CONJUGAISON
DES VERBES,

OUVRAGE QUI PEUT SERVIR DE SUPPLÉMENT A LA PLUPART
DES GRAMMAIRES ÉLÉMENTAIRES QUI ONT PARU
JUSQU'A CE JOUR ;

PAR E.-A. LEQUIEN,

AUTEUR DU TRAITÉ DES PARTICIPES ET DE PLUSIEURS AUTRES
OUVRAGES DE GRAMMAIRE.

TREIZIÈME ÉDITION.

Prix : 1 fr. 25 c.

A PARIS,

CHEZ Mme Ve LEQUIEN,

RUE DE L'HIRONDELLE, N° 22, PRÈS DU PONT ST-MICHEL.

—

1836.

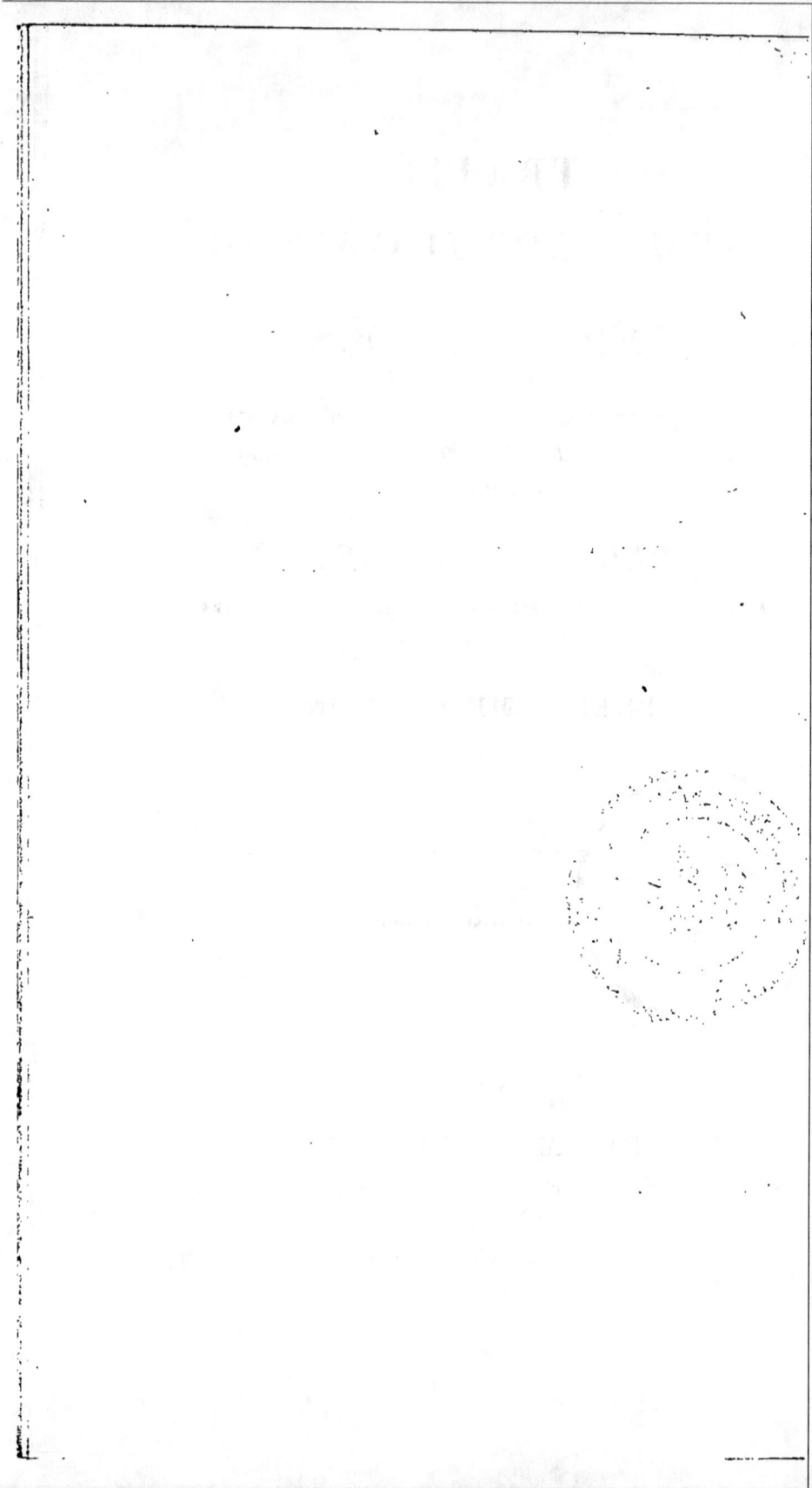

PREMIÈRE PARTIE.

— ∞◦∞ —

NOTIONS PRÉLIMINAIRES.

Du Verbe en général.

Le verbe est un mot qui exprime l'action que fait un sujet, comme : *je* PARLE, *tu* CHANTES, *il* PORTE, *nous* JOUONS, *vous vous* PROMENEZ, *ils se* SAUVENT ; ou l'état d'un sujet, comme : *je* SUIS *malade*, *tu* DORS, *il* LANGUIT, etc.

Des différentes sortes de Verbes.

Il y a cinq sortes de verbes : le verbe *actif*, le verbe *passif*, le verbe *neutre*, le verbe *pronominal*, et le verbe *impersonnel*.

On appelle verbe *actif* celui qui a un régime direct, ou, ce qui est la même chose, celui après lequel on peut mettre *quelqu'un* ou *quelque chose*. *Aimer*, *recevoir*, *connaître* sont des verbes actifs, parce qu'on peut dire : *aimer quelqu'un, aimer quelque chose ; recevoir quelqu'un* ou *quelque chose ; connaître quelqu'un* ou *quelque chose*.

On appelle verbe *passif* celui qui se forme de l'actif en prenant le régime direct pour en faire le sujet du verbe passif, et en ajoutant après le verbe le mot *par* ou *de* ; comme : *ce discours* A ÉTÉ PRONONCÉ *par mon frère ; cette vérité* EST CONNUE *de tout le monde*.

CONJUG.   1

On appelle verbe *neutre* celui après lequel on ne peut pas mettre *quelqu'un, quelque chose*, c'est-à-dire celui qui n'a pas de régime direct. *Dormir, languir, venir, arriver*, sont des verbes neutres, parcequ'on ne peut pas dire, *dormir quelqu'un, dormir quelque chose; languir quelqu'un, languir quelque chose; venir quelqu'un, venir quelque chose; arriver quelqu'un, arriver quelque chose.*

Un verbe actif sans régime direct est employé neutralement, mais il n'est point neutre pour cela.

On appelle verbe *pronominal* celui qui se conjugue avec deux pronoms de la même personne, comme *je me flatte, je me promène, je me fâche, tu te divertis, tu te reposes, il se détourne, elle s'applique, nous nous sauvons, vous vous trompez, ils se tourmentent, elles se regardent*, etc. (1).

On appelle verbe *impersonnel* celui qui ne s'emploie, dans tous ses temps, qu'à la troisième personne du singulier, comme *il pleut, il neige, il faut, il importe, il y a*, etc.

Un verbe qui n'est pas impersonnel est employé impersonnellement quand, à la place du pronom *il*, on ne peut pas mettre un nom substantif; comme, *il semble que, il est à désirer que, il est arrivé que, il serait à souhaiter que*, etc.

De la Conjugaison des Verbes.

Réciter de suite les différents modes d'un verbe, avec tous leurs temps, leurs personnes et leurs nombres, cela s'appelle conjuguer.

_____

(1) On peut diviser les verbes pronominaux en verbes pronominaux actifs, verbes pronominaux passifs, verbes pronominaux neutres; et les verbes pronominaux actifs

Des Modes.

On appelle *modes* les différentes manières d'employer le verbe.

Il y a cinq modes dans les verbes français :

1° L'*indicatif*, quand on affirme qu'une chose est, qu'elle a été, ou qu'elle sera ;

2° Le *conditionnel*, quand on dit qu'une chose serait ou qu'elle aurait été moyennant une condition ;

3° L'*impératif*, quand on commande à quelqu'un ou qu'on prie quelqu'un de faire quelque chose ;

4° Le *subjonctif*, qu'on emploie dans toutes les phrases subordonnées à d'autres phrases qui marquent une volonté, un souhait, le désir, le doute, la crainte, la peur, etc., et après quelques conjonctions qui veulent toujours le verbe au subjonctif ;

5° L'*infinitif*, qui exprime l'action ou l'état en général, sans nombre ni personne, comme *aimer*, *chanter*, *rire*, *boire*, *manger*, *dormir*, etc.

Des Temps.

On appelle *temps* les différentes parties du verbe qui marquent le temps où se passent les actions dont on parle. Il y a trois temps principaux dans les verbes : le *présent*, qui marque qu'une chose est ou se fait présentement, comme *je lis*; le *passé* ou *parfait*, qui marque qu'une chose a été faite, comme *je lus*, *j'ai lu*; le *futur*, qui marque qu'une chose sera ou se fera, comme *je lirai*.

---

peuvent se diviser en verbes réfléchis et en verbes réciproques; mais cela ne change rien au mécanisme de la conjugaison.

On compte vingt temps dans un verbe, tant simples que composés.

On en compte huit dans le mode indicatif :

1° Le *présent*, qui marque qu'une chose se fait présentement ou habituellement ;

2° L'*imparfait* ou *présent relatif*, qui marque qu'une chose se faisait en même temps qu'une autre dans un temps passé ;

3° Le *parfait défini*, qui marque qu'une chose a été faite dans un temps déterminé qui est entièrement écoulé ;

4° Le *parfait indéfini*, qui marque qu'une chose a été faite dans un temps qui n'est pas déterminé, ou qui, s'il est déterminé, n'est pas entièrement écoulé ;

5° Le *parfait antérieur*, qui marque qu'une chose a été faite avant une autre, dans un temps passé ;

6° Le *plus-que-parfait*, qui marque qu'une chose était déjà passée quand on en a fait une autre ;

7° Le *futur simple* ou *absolu*, qui marque qu'une chose se fera dans un temps qui n'est pas encore ;

8° Le *futur antérieur*, qui marque qu'une chose sera faite quand on en fera une autre.

Trois dans le mode conditionnel :

1° Le *présent*, qui exprime qu'une chose se ferait présentement ou dans un temps futur, moyennant une condition ;

2° Le *passé*, qui marque qu'une chose se serait faite dans un temps passé, moyennant une condition ;

3° Une seconde manière d'exprimer le passé du conditionnel.

Le mode *impératif* n'a qu'un temps, qui exprime le présent par rapport à l'action de commander, et un futur par rapport à la chose commandée.

On compte quatre temps dans le mode subjonctif :

1° Le *présent*, qui marque un présent ou un futur à l'égard du verbe avec lequel il entre en concordance ;

2° L'*imparfait*, qui marque un présent relatif ou un futur à l'égard du verbe avec lequel il entre en concordance ;

3° Le *parfait*, qui marque ordinairement un passé à l'égard du verbe avec lequel il entre en concordance ;

4° Le *plus-que-parfait*, qui exprime aussi un passé à l'égard du verbe avec lequel il entre en concordance.

On en compte aussi quatre dans l'infinitif :

1° Le *présent* ;
2° Le *parfait* ;
3° Le *participe présent* ;
4° Le *participe passé*.

Des Personnes.

Il y a trois personnes dans les verbes. La première personne est celle qui parle : elle est indiquée par les pronoms *je* et *nous ;* comme *je parle, nous parlons*. La seconde personne est celle à qui l'on parle : elle est indiquée par les pronoms *tu* et *vous ;* comme *tu parles, vous parlez*. La troisième personne est celle de qui l'on parle : elle est indiquée par les pronoms *il, elle, ils, elles ;* comme *il* ou *elle parle, ils* ou *elles parlent*.

Un nom de personne ou un nom de chose, placé avant un verbe, indique toujours la troisième personne, à moins que ce nom ne soit en apostrophe (1) : *le soleil luit, le feu brûle, les livres sont lus, vos frères étudient*.

___

(1) Un nom est en apostrophe quand il désigne une

Des Nombres.

Les verbes ont aussi les deux nombres, le singulier quand il s'agit d'une seule personne ou d'une seule chose, comme *j'aime, tu aimes, il* ou *elle aime ;* et le pluriel, quand il s'agit de plusieurs personnes ou de plusieurs choses, comme *nous aimons, vous aimez, ils* ou *elles aiment.*

Des différentes Conjugaisons,

Il y a quatre conjugaisons différentes, que l'on distingue par la terminaison du présent de l'infinitif.

La première conjugaison a l'infinitif terminé en ER, comme *aimer, chanter, manger,* etc.

La seconde a l'infinitif terminé en IR, comme *finir, guérir, souffrir,* etc.

La troisième a l'infinitif terminé en OIR, comme *recevoir, vouloir, pouvoir,* etc.

La quatrième a l'infinitif terminé en RE, comme *rendre, coudre, lire, mettre,* etc.

Des Auxiliaires.

Outre ces quatre conjugaisons, il y a deux verbes qu'on nomme *auxiliaires*, parcequ'ils servent à conjuguer les autres verbes dans leurs temps composés : nous commencerons par ces deux verbes, qui sont AVOIR et ÊTRE.

---

personne ou une chose personnifiée à laquelle on adresse la parole : le verbe qui se rapporte à un nom en apostrophe est toujours à la seconde personne.

CHAPITRE I.

Conjugaison du Verbe AVOIR.

INDICATIF. (1er *Mode.*)

PRÉSENT.

J'ai,
Tu as (1),
Il *ou* elle a,
Nous avons,
Vous avez,
Ils *ou* elles ont.

IMPARFAIT.

J'avais,
Tu avais,
Il avait,
Nous avions,
Vous aviez,
Ils avaient.

PARFAIT DÉFINI.

J'eus,
Tu eus,
Il eut,
Nous eûmes,
Vous cûtes,
Ils eurent.

PARFAIT INDÉFINI.

J'ai eu,
Tu as eu,
Il a eu,

Nous avons eu,
Vous avez eu,
Ils ont eu.

PARFAIT ANTÉRIEUR.

J'eus eu,
Tu eus eu,
Il eut eu,
Nous cûmes eu,
Vous eûtes eu,
Ils eurent eu.

PLUS-QUE-PARFAIT.

J'avais eu,
Tu avais eu,
Il avait eu,
Nous avions eu,
Vous aviez eu,
Ils avaient eu.

FUTUR.

J'aurai,
Tu auras,
Il aura,
Nous aurons,
Vous aurez,
Ils auront.

FUTUR ANTÉRIEUR (2).

J'aurai eu,
Tu auras eu,
Il aura eu,

(1) Toutes les secondes personnes du singulier ont une S
à la fin : dans quelques verbes seulement la seconde personne est terminée par un X.

(2) On dit *futur passé, futur composé, futur antérieur.*
J'ai cru cette dernière expression la plus convenable.

Nous aurons eu,
Vous aurez eu,
Ils auront eu.

Ayez,
Qu'ils aient.

CONDITIONNEL. (2e *Mode.*)

PRÉSENT.

J'aurais,
Tu aurais,
Il aurait,
Nous aurions,
Vous auriez,
Ils auraient.

PASSÉ.

J'aurais eu,
Tu aurais eu,
Il aurait eu,
Nous aurions eu,
Vous auriez eu,
Ils auraient eu.

Autrement.

J'eusse eu,
Tu eusses eu,
Il eût eu,
Nous eussions eu,
Vous eussiez eu,
Ils eussent eu,

IMPÉRATIF. (3e *Mode.*)

PRÉSENT OU FUTUR.

Aie (1).
Qu'il ait,
Ayons,

SUBJONCTIF. (4e *Mode.*)

PRÉSENT OU FUTUR.

Que j'aie,
Que tu aies,
Qu'il ait,
Que nous ayons,
Que vous ayez,
Qu'ils aient.

IMPARFAIT.

Que j'eusse,
Que tu eusses,
Qu'il eût,
Que nous eussions,
Que vous eussiez,
Qu'ils eussent.

PARFAIT.

Que j'aie eu,
Que tu aies eu,
Qu'il ait eu,
Que nous ayons eu,
Que vous ayez eu,
Qu'ils aient eu.

PLUS-QUE-PARFAIT.

Que j'eusse eu,
Que tu eusses eu,
Qu'il eût eu,
Que nous eussions eu,
Que vous eussiez eu,
Qu'ils eussent eu.

---

(1) L'impératif n'a point de première personne au singulier, parceque ce mode marque le commandement ou la prière, et qu'on ne peut ni se commander ni se prier de faire quelque chose ; ce n'est même que pour me conformer à l'usage que je donne les troisièmes personnes de ce mode, lesquelles sont absolument les mêmes que les troisièmes personnes du présent du subjonctif.

INFINITIF. (5ᵉ *Mode.*)

PARTICIPE PRÉSENT.

PRÉSENT.

Avoir.

Ayant.

PARFAIT.

PARTICIPE PASSÉ.

Avoir eu.

Eu, eue, ayant eu.

Avant de passer à la conjugaison d'un autre verbe, il faut être en état de faire celui-ci sans le secours du modèle. On peut le conjuguer avec un substantif ; comme *avoir faim, avoir soif, avoir peur, avoir envie, avoir tort, avoir raison, avoir droit, avoir occasion,* etc.

Manière de conjuguer le Verbe AVOIR *avec un substantif.*

AVOIR FAIM.

INDICATIF.

PRÉSENT.	IMPARFAIT.
J'ai *faim,*	J'avais *faim,*
Tu as *faim,*	Tu avais *faim,*
Il a *faim,*	Il avait *faim,*
Nous avons *faim,*	Nous avions *faim,*
Vous avez *faim,*	Vous aviez *faim,*
Ils ont *faim.*	Ils avaient *faim.*

La même chose à tous les autres temps.

CHAPITRE II.

Conjugaison du Verbe ÊTRE.

INDICATIF. (1ᵉʳ *Mode.*)

PRÉSENT.

Je suis,	Nous sommes,
Tu es,	Vous êtes,
Il est,	Ils sont.

1.*

IMPARFAIT.

J'étais,
Tu étais,
Il était,
Nous étions,
Vous étiez,
Ils étaient.

PARFAIT DÉFINI.

Je fus,
Tu fus,
Il fut,
Nous fûmes,
Vous fûtes,
Ils furent.

PARFAIT INDÉFINI.

J'ai été,
Tu as été,
Il a été,
Nous avons été,
Vous avez été,
Ils ont été.

PARFAIT ANTÉRIEUR.

J'eus été,
Tu eus été,
Il eut été,
Nous eûmes été,
Vous eûtes été,
Ils eurent été.

PLUS-QUE-PARFAIT.

J'avais été,
Tu avais été,
Il avait été,
Nous avions été,
Vous aviez été,
Ils avaient été.

FUTUR.

Je serai,
Tu seras,
Il sera,

Nous serons,
Vous serez,
Ils seront.

FUTUR ANTÉRIEUR.

J'aurai été,
Tu auras été,
Il aura été,
Nous aurons été,
Vous aurez été,
Ils auront été.

CONDITIONNEL. (2e *Mode*.)

PRÉSENT.

Je serais,
Tu serais,
Il serait,
Nous serions,
Vous seriez,
Ils seraient.

PASSÉ.

J'aurais été,
Tu aurais été,
Il aurait été,
Nous aurions été,
Vous auriez été,
Ils auraient été,

Autrement.

J'eusse été,
Tu eusses été,
Il eût été,
Nous eussions été,
Vous eussiez été,
Ils eussent été.

IMPÉRATIF. (3e *Mode*.)

PRÉSENT, OU FUTUR.

Sois,
Qu'il soit,
Soyons,
Soyez,
Qu'ils soient.

SUBJONCTIF. (4e *Mode*.)

PRÉSENT *OU* FUTUR.

Que je sois,
Que tu sois,
Qu'il soit;
Que nous soyons,
Que vous soyez,
Qu'ils soient.

IMPARFAIT.

Que je fusse,
Que tu fusses,
Qu'il fût,
Que nous fussions,
Que vous fussiez,
Qu'ils fussent.

PARFAIT.

Que j'aie été,
Qu tu aies été,
Qu'il ait été,
Que nous ayons été,
Que vous ayez été,
Qu'ils aient été.

PLUS-QUE-PARFAIT.

Que j'eusse été,
Que tu eusses été,
Qu'il eût été,
Que nous eussions été,
Que vous eussiez été,
Qu'ils eussent été.

INFINITIF. (5e *Mode*.)

PRÉSENT.

Être.

PARFAIT.

Avoir été.

PARTICIPE PRÉSENT.

Étant.

PARTICIPE PASSÉ.

Été, ayant été.

Le participe *été* est un mot invariable.

Conjuguez plusieurs fois ce verbe, tel que vous le voyez ici. Ensuite conjuguez-le en y ajoutant un *adjectif*.

Manière de conjuguer le Verbe ÊTRE *avec un adjectif.*

ÊTRE CONTENT.

INDICATIF.

PRÉSENT.

Masculin.	*Féminin.*
Je suis *content* (1),	Je suis *contente* (1),
Tu es *content*,	Tu es *contente*,
Il est *content*,	Elle est *contente*,

---

(1) Au féminin, on ajoute un E muet à l'adjectif.

Masculin.	*Féminin.*
Nous sommes *contents* (1),	Nous sommes *contentes* (1),
Vous êtes *contents* (2),	Vous êtes *contentes* (2),
Ils sont *contents*.	Elles sont *contentes*.

IMPARFAIT.

J'étais *content*,	J'étais *contente*,
Tu étais *content*,	Tu étais *contente*,
Il était *content*,	Elle était *contente*,
Nous étions *contents*,	Nous étions *contentes*,
Vous étiez *contents*,	Vous étiez *contentes*,
Ils étaient *contents*.	Elles étaient *contentes*.

La suite de même, en ajoutant l'adjectif *content* à tous les temps du verbe *être*.

Conjuguez de même, *être prudent*, *être complaisant*, *être poli*, *être grand*, *être petit*, *être sourd*, *être coupable*, *être honnête*, etc.

CHAPITRE III.

Verbes AVOIR *et* ÊTRE *conjugués avec interrogation.*

Comme j'ai été à même de remarquer ce qui embarrasse le plus les personnes peu accoutumées à écrire, j'ai trouvé qu'elles éprouvent toujours plus de difficulté en écrivant les verbes avec interrogation, comme *ai-je? as-tu? a-t-il? avons-nous?* etc. Je vais conjuguer ici le verbe *avoir* et le verbe *être*,

---

(1) Au pluriel, on ajoute une S à l'adjectif.

(2) Quand le pronom *vous* est employé pour le pronom TU, l'adjectif reste au singulier : *Vous êtes content, vous êtes contente.*

comme ils se trouvent ordinairement dans les phrases interrogatives.

AVOIR.   ÊTRE.

INDICATIF.

PRÉSENT.

Ai-je ?	Suis-je ?
As-tu ?	Es-tu ?
A-t-il *ou* a-t-elle (1) ?	Est-il *ou* est-elle ?
Avons-nous ?	Sommes-nous ?
Avez-vous ?	Êtes-vous ?
Ont-ils *ou* ont-elles ?	Sont-ils *ou* sont-elles ?

IMPARFAIT.

Avais-je ?	Étais-je ?
Avais-tu ?	Étais-tu ?
Avait-il ?	Était-il ?
Avions-nous ?	Étions-nous ?
Aviez-vous ?	Étiez-vous ?
Avaient-ils ?	Étaient-ils ?

PARFAIT DÉFINI.

Eus-je ?	Fus-je ?
Eus-tu ?	Fus-tu ?
Eut-il ?	Fut-il ?
Eûmes-nous ?	Fûmes-nous ?
Eûtes-vous ?	Fûtes-vous ?
Eurent-ils ?	Furent-ils ?

PARFAIT INDÉFINI.

Ai-je eu ?	Ai-je été ?
As-tu eu ?	As-tu été ?
A-t-il eu ?	A-t-il été ?
Avons-nous eu ?	Avons-nous été ?
Avez-vous eu ?	Avez-vous été ?
Ont-ils eu ?	Ont-ils été ?

(1) Quand un verbe ne finit point par T ou par D à la troisième personne du singulier, il faut mettre un T entre deux traits d'union, pour éviter la rencontre de la voyelle qui termine le verbe avec la voyelle qui commence le pronom : *a-t-il, a-t-elle, a-t-on, aura-t-il, aura-t-elle, aura-t-on*. On met le T entre deux traits d'union pour indiquer qu'il n'appartient ni au verbe ni au pronom qui suit ce verbe.

PARFAIT ANTÉRIEUR.

Eus-je eu ?	Eus-je été ?
Eus-tu eu ?	Eus-tu été ?
Eut-il eu ?	Eut-il été ?
Eûmes-nous eu ?	Eûmes-nous été ?
Eûtes-vous eu ?	Fûtes-vous été ?
Eurent-ils eu ?	Eurent-ils été ?

PLUS-QUE-PARFAIT.

Avais-je eu ?	Avais-je été ?
Avais-tu eu ?	Avais-tu été ?
Avait-il eu ?	Avait-il été ?
Avions-nous eu ?	Avions-nous été ?
Aviez-vous eu ?	Aviez-vous été ?
Avaient-ils eu ?	Avaient-ils été ?

FUTUR.

Aurai-je ?	Serai-je ?
Auras-tu ?	Seras-tu ?
Aura-t-il ?	Sera-t-il ?
Aurons-nous ?	Serons-nous ?
Aurez-vous ?	Serez-vous ?
Auront-ils ?	Seront-ils ?

FUTUR ANTÉRIEUR.

Aurai-je eu ?	Aurai-je été ?
Auras-tu eu ?	Auras-tu été ?
Aura-t-il eu ?	Aura-t-il été ?
Aurons-nous eu ?	Aurons-nous été ?
Aurez-vous eu ?	Aurez-vous été ?
Auront-ils eu ?	Auront-ils été ?

CONDITIONNEL.

PRÉSENT.

Aurais-je ?	Serais-je ?
Aurais-tu ?	Serais-tu ?
Aurait-il ?	Serait-il ?
Aurions-nous ?	Serions-nous ?
Auriez-vous ?	Seriez-vous ?
Auraient-ils ?	Seraient-ils ?

PASSÉ.

Aurais-je eu ?	Aurais-je été ?
Aurais-tu eu ?	Aurais-tu été ?
Aurait-il eu ?	Aurait-il été ?
Aurions-nous eu ?	Aurions-nous été ?
Auriez-vous eu ?	Auriez-vous été ?
Auraient-ils eu ?	Auraient-ils été ?

Autrement.

Eussé-je eu (1) ?	Eussé-je été ?
Eusses-tu eu ?	Eusses-tu été ?
Eût-il eu ?	Eût-il été ?
Eussions-nous eu ?	Eussions-nous été ?
Eussiez-vous eu ?	Eussiez-vous été ?
Eussent-ils eu ?	Eussent-ils été ?

REMARQUE. Dans les temps du subjonctif, l'interrogation se marque dans le verbe qui précède : *Faut-il que j'aie? Fallait-il que j'eusse? Veut-on que je sois? Voulait-on que je fusse?* L'impératif et l'infinitif ne sont susceptibles d'aucun changement dans la conjugaison, puisqu'il n'y a point de pronom sujet à ces deux modes.

CHAPITRE IV.

Conjugaison des Verbes actifs.

Le verbe actif, comme nous l'avons déjà dit, est celui qui a ou qui peut avoir un régime direct.

Première conjugaison.

INFINITIF EN ER.

DONNER, *Modèle.*

INDICATIF.

PRÉSENT.

Je donn e,	Nous donn ons,
Tu donn es,	Vous donn ez,
Il donn e,	Ils donn ent.

---

(1) Quand la première personne d'un verbe est terminée par un E muet, comme J'EUSSE, on met un accent aigu sur l'E dans l'interrogation, EUSSÉ-JE ? et non EUSSE-JE ? (*Règle générale.*)

IMPARFAIT.

Je donn *ais*,
Tu donn *ais*,
Il donn *ait*,
Nous donn *ions*,
Vous donn *iez*,
Ils donn *aient*.

PARFAIT DÉFINI.

Je donn *ai*,
Tu donn *as*,
Il donn *a*,
Nous donn *âmes*,
Vous donn *âtes*,
Ils donn *èrent*.

PARFAIT INDÉFINI.

J'ai donné,
Tu as donné,
Il a donné,
Nous avons donné,
Vous avez donné,
Ils ont donné.

PARFAIT ANTÉRIEUR.

Quand, lorsque

J'eus donné,
Tu eus donné,
Il eut donné,
Nous eûmes donné,
Vous eûtes donné,
Ils eurent donné.

PLUS-QUE-PARFAIT.

J'avais donné,
Tu avais donné,
Il avait donné,
Nous avions donné,
Vous aviez donné,
Ils avaient donné.

FUTUR.

Je donn *erai*,
Tu donn *eras*,
Il donn *era*,

Nous donn *erons*,
Vous donn *erez*,
Ils donn *eront*.

FUTUR ANTÉRIEUR.

Quand, lorsque

J'aurai donné,
Tu auras donné,
Il aura donné,
Nous aurons donné,
Vous aurez donné,
Ils auront donné.

CONDITIONNEL.

PRÉSENT *ou* FUTUR.

Je donn *erais*,
Tu donn *erais*,
Il donn *erait*,
Nous donn *erions*,
Vous donn *eriez*,
Ils donn *eraient*.

PASSÉ.

J'aurais donné,
Tu aurais donné,
Il aurait donné,
Nous aurions donné,
Vous auriez donné,
Ils auraient donné.

Autrement.

J'eusse donné,
Tu eusses donné,
Il eût donné,
Nous eussions donné,
Vous eussiez donné,
Ils eussent donné.

IMPÉRATIF.

PRÉSENT *ou* FUTUR.

Donn *e*,
Qu'il donn *e*,
Donn *ons*,
Donn *ez*,
Qu'ils donn *ent*.

SUBJONCTIF.

PRÉSENT *ou* FUTUR.

Il faut, il faudra

Que je donn *e*,
Que tu donn *es*,
Qu'il donn *e*,
Que nous donn *ions*,
Que vous donn *iez*,
Qu'ils donn *ent*.

IMPARFAIT.

Il fallait, il faudrait

Que je donn *asse*,
Que tu donn *asses*,
Qu'il donn *ât*,
Que nous donn *assions*,
Que vous donn *assiez*,
Qu'ils donn *assent*.

PARFAIT.

On attend, on attendra

Que j'aie donné,
Que tu aies donné,
Qu'il ait donné,
Que nous ayons donné,
Que vous ayez donné,
Qu'ils aient donné.

PLUS-QUE-PARFAIT.

Il faudrait, il aurait fallu

Que j'eusse donné,
Que tu eusses donné,
Qu'il eût donné,
Que nous eussions donné,
Que vous eussiez donné,
Qu'ils eussent donné.

INFINITIF.

PRÉSENT.

Donn *er*.

PARFAIT.

Avoir donné.

PARTICIPE PRÉSENT.

Donn *ant*.

PARTICIPE PASSÉ.

Donn *é*, donn *ée*, ayant donné.

Remarquez avec attention les finales de tous les temps simples de ce verbe, que j'ai eu le soin de faire mettre en lettres italiques, et un peu détachées des lettres radicales (1) du verbe ; et observez bien que, quelque verbe de la première conjugaison que vous vouliez conjuguer, il faut que vous trouviez

---

(1) On appelle *lettres radicales*, dans un verbe, les lettres qui composent l'infinitif, moins la finale par laquelle on connaît de quelle conjugaison est un verbe, lesquelles lettres se trouvent à toutes les personnes et à tous les temps. Par exemple, les *lettres radicales* du verbe *donner* sont *donn*, lettres qui précèdent la finale ER, et qui se trouvent à toutes les personnes de chaque temps du verbe *donner*, comme on peut le voir par la conjugaison de ce verbe.

ces mêmes finales à la suite de toutes les lettres qui composent l'*infinitif*, moins la finale ER.

Conjuguez de même les verbes suivants : *sonner, ordonner, pardonner, commander, commencer, parler, moissonner, calculer, frapper, sauter, marquer, casser, fouler, tacher, tâcher, penser, panser, arroser, arracher, raccommoder, porter, rapporter, nommer, rouler, doubler, aimer, former, enfoncer, tourner, dépenser, offenser, récompenser, fréquenter, prodiguer, embarrasser*, etc.

Pour les irrégularités qui peuvent se rencontrer dans les verbes de cette conjugaison, voyez le premier chapitre de la seconde partie de cet ouvrage.

Seconde conjugaison.

INFINITIF EN **IR.**

FINIR, *Modèle.*

INDICATIF.

PRÉSENT.

Je fin *is*,
Tu fin *is*,
Il fin *it*,
Nous finis *ons*,
Vous finiss *ez*,
Ils finiss *ent*.

IMPARFAIT.

Je finiss *ais*,
Tu finiss *ais*,
Il finiss *ait*,

Nous finiss *ions*,
Vous finiss *iez*,
Ils finiss *aient*.

PARFAIT DÉFINI.

Je fin *is*,
Tu fin *is*,
Il fin *it* (1),
Nous fin *îmes*,
Vous fin *îtes*,
Ils fin *irent*.

---

(1) Dans tous les verbes qui se conjuguent régulièrement, comme *finir*, le singulier du *parfait défini* est semblable au singulier du *présent*.

PARFAIT INDÉFINI.

J'ai fini,
Tu as fini,
Il a fini,
Nous avons fini,
Vous avez fini,
Ils ont fini.

PARFAIT ANTÉRIEUR.

Quand, lorsque

J'eus fini,
Tu eus fini,
Il eut fini,
Nous eûmes fini,
Vous eûtes fini,
Ils eurent fini.

PLUS-QUE-PARFAIT.

J'avais fini,
Tu avais fini,
Il avait fini,
Nous avions fini,
Vous aviez fini,
Ils avaient fini.

FUTUR.

Je fini *rai*,
Tu fini *ras*,
Il fini *ra*,
Nous fini *rons*,
Vous fini *rez*,
Ils fini *ront*.

FUTUR ANTÉRIEUR.

Quand, lorsque

J'aurai fini,
Tu auras fini,
Il aura fini,
Nous aurons fini,
Vous aurez fini,
Ils auront fini.

CONDITIONNEL.
PRÉSENT *ou* FUTUR.

Je fini *rais*,
Tu fini *rais*,
Il fini *rait*,

Nous fini *rions*,
Vous fini *riez*,
Ils fini *raient*.

PASSÉ.

J'aurais fini,
Tu aurais fini,
Il aurait fini,
Nous aurions fini,
Vous auriez fini,
Ils auraient fini.

Autrement.

J'eusse fini,
Tu eusses fini,
Il eût fini,
Nous eussions fini,
Vous eussiez fini,
Ils eussent fini.

IMPÉRATIF.
PRÉSENT *ou* FUTUR.

Fin *is*,
Qu'il finiss *e*,
Finiss *ons*,
Finiss *ez*,
Qu'ils finiss *ent*.

SUBJONCTIF.
PRÉSENT *ou* FUTUR.

On veut, on voudra

Que je finiss *e*,
Que tu finiss *es*,
Qu'il finiss *e*,
Que nous finiss *ions*,
Que vous finiss *iez*,
Qu'ils finiss *ent*.

IMPARFAIT.

On voulait, on voudrait

Que je fin *isse* (1),
Que tu fin *isses*,
Qu'il fin *ît*.

(1) Dans tous les verbes qui se conjuguent régulière-

Que nous fin *issions*,
Que vous fin *issiez*,
Qu'ils fin *issent*.

Que nous eussions fini,
Que vous eussiez fini,
Qu'ils eussent fini.

PARFAIT.

On a voulu, on aura voulu

INFINITIF.

Que j'aie fini,
Que tu aies fini,
Qu'il ait fini,
Que nous ayons fin,
Que vous ayez fini,
Qu'ils aient fini.

PRÉSENT.

Fin *ir*.

PARFAIT.

Avoir fini.

PLUS-QUE-PARFAIT.

PARTICIPE PRÉSENT.

On aurait ou on eût attendu

Finiss *ant*.

Que j'eusse fini,
Que tu eusses fini,
Qu'il eût fini,

PARTICIPE PASSÉ.

Fin *i*, fin *ie*, ayant fini.

Conjuguez de même les verbes suivants : *définir, guérir, punir, fournir, nourrir, avertir, divertir, convertir, pervertir, blanchir, élargir, établir, ensevelir, attendrir, approfondir, emplir, remplir, amollir, anéantir, affermir, bâtir, démolir, saisir, engloutir, munir, tarir, amortir, affaiblir, aplanir, ternir,* etc.

Et pour les verbes irréguliers de cette conjugaison, voyez le 2ᵉ chapitre de la seconde partie.

Troisième conjugaison.

INFINITIF EN OIR.

RECEVOIR, *Modèle.*

INDICATIF.

PRÉSENT.

Je reçoi *s*,
Tu reçoi *s*,
Il reçoi *t*,

Nous recev *ons*,
Vous recev *ez*,
Ils reçoiv *ent*.

---

ment, comme *finir*, l'imparfait du subjonctif est semblable au présent du même mode, excepté la troisième personne du singulier.

IMPARFAIT.

Je recev *ais*,
Tu recev *ais*,
Il recev *ait*,
Nous recev *ions*,
Vous recev *iez*,
Ils recev *aient*.

PARFAIT DÉFINI.

Je reç *us*,
Tu reç *us*,
Il reç *ut*,
Nous reç *ûmes*,
Vous reç *ûtes*,
Ils reç *urent*.

PARFAIT INDÉFINI.

J'ai reçu,
Tu as reçu,
Il a reçu,
Nous avons reçu,
Vous avez reçu,
Ils ont reçu.

PARFAIT ANTÉRIEUR.

Quand, *lorsque*

J'eus reçu,
Tu eus reçu,
Il eut reçu,
Nous eûmes reçu,
Vous eûtes reçu,
Ils eurent reçu.

PLUS-QUE-PARFAIT.

J'avais reçu,
Tu avais reçu,
Il avait reçu,
Nous avions reçu,
Vous aviez reçu,
Ils avaient reçu.

FUTUR.

Je recev *rai*,
Tu recev *ras*,
Il recev *ra*,

Nous recev *rons*,
Vous recev *rez*,
Ils recev *ront*.

FUTUR ANTÉRIEUR.

Quand, *lorsque*

J'aurai reçu,
Tu auras reçu,
Il aura reçu,
Nous aurons reçu,
Vous aurez reçu,
Ils auront reçu.

CONDITIONNEL.

PRÉSENT *ou* FUTUR.

Je recev *rais*,
Tu recev *rais*,
Il recev *rait*,
Nous recev *rions*,
Vous recev *riez*,
Ils recev *raient*.

PASSÉ.

J'aurais reçu,
Tu aurais reçu,
Il aurait reçu,
Nous aurions reçu,
Vous auriez reçu,
Ils auraient reçu.

Autrement.

J'eusse reçu,
Tu eusses reçu,
Il eût reçu,
Nous eussions reçu,
Vous eussiez reçu,
Ils eussent reçu.

IMPÉRATIF.

PRÉSENT *ou* FUTUR.

Reçoi *s*,
Qu'il reçoiv *e*,
Recev *ons*,
Recev *ez*,
Qu'ils reçoiv *ent*.

SUBJONCTIF.

PRÉSENT *ou* FUTUR.

Il est possible

Que je reçoiv *e*,
Que tu reçoiv *es*,
Qu'il reçoiv *e*,
Que nous recev *ions*,
Que vous recev *iez*,
Qu'ils reçoiv *ent*.

IMPARFAIT.

Il serait possible

Que je reç *usse*,
Que tu reç *usses*,
Qu'il reç *ût*,
Que nous reç *ussions*,
Que vous reç *ussiez*,
Qu'ils reç *ussent*.

PARFAIT.

Il est possible

Que j'aie reçu,
Que tu aies reçu,
Qu'il ait reçu,

Que nous ayons reçu,
Que vous ayez reçu,
Qu'ils aient reçu.

PLUS-QUE-PARFAIT.

Il serait possible

Que j'eusse reçu,
Que tu eusses reçu,
Qu'il eût reçu,
Que nous eussions reçu,
Que vous eussiez reçu, -
Qu'ils eussent reçu.

INFINITIF.

PRÉSENT.

Recev *oir*.

PASSÉ.

Avoir reçu.

PARTICIPE PRÉSENT.

Recev *ant*.

PARTICIPE PASSÉ.

Reç *u*, reç *ué*, ayant reçu.

Conjuguez de même les verbes suivants : *apercevoir, concevoir, décevoir, devoir*. Le participe passé de ce dernier prend un accent circonflexe au masculin singulier seulement, *dû, due, dus, dues*.

Et pour les verbes irréguliers de cette conjugaison, voyez le 3ᵉ chapitre de la seconde partie.

Quatrième conjugaison.

INFINITIF EN RE.

RENDRE, *Modèle.*

INDICATIF.

PRÉSENT.

Je rend *s*,
Tu rend *s.*,
Il ren *d*,
Nous rend *ons*,
Vous rend *ez*,
Ils rend *ent*.

IMPARFAIT.

Je rend *ais*,
Tu rend *ais*,
Il rend *ait*,
Nous rend *ions*,
Vous rend *iez*,
Ils rend *aient*.

PARFAIT DÉFINI.

Je rend *is*,
Tu rend *is*,
Il rend *it*,
Nous rend *îmes*,
Vous rend *îtes*,
Ils rend *irent*.

PARFAIT INDÉFINI.

J'ai rendu,
Tu as rendu,
Il a rendu,
Nous avons rendu,
Vous avez rendu,
Ils ont rendu.

PARFAIT ANTÉRIEUR.

Quand, lorsque

J'eus rendu,
Tu eus rendu,
Il eut rendu,

Nous eûmes rendu,
Vous eûtes rendu,
Ils eurent rendu.

PLUS-QUE-PARFAIT.

J'avais rendu,
Tu avais rendu,
Il avait rendu,
Nous avions rendu,
Vous aviez rendu,
Ils avaient rendu.

FUTUR.

Je rend *rai*,
Tu rend *ras*,
Il rend *ra*,
Nous rend *rons*,
Vous rend *rez*,
Ils rend *ront*.

FUTUR ANTÉRIEUR.

Quand, lorsque

J'aurai rendu,
Tu auras rendu,
Il aura rendu,
Nous aurons rendu,
Vous aurez rendu,
Ils auront rendu.

CONDITIONNEL.

PRÉSENT *ou* FUTUR.

Je rend *rais*,
Tu rend *rais*,
Il rend *rait*,
Nous rend *rions*,
Vous rend *riez*,
Ils rend *raient*.

PASSÉ.

J'aurais rendu,
Tu aurais rendu,
Il aurait rendu,
Nous aurions rendu,
Vous auriez rendu,
Ils auraient rendu.

Autrement.

J'eusse rendu,
Tu eusses rendu,
Il eût rendu,
Nous eussions rendu,
Vous eussiez rendu,
Ils eussent rendu.

IMPÉRATIF.

PRÉSENT OU FUTUR.

Rend *s*,
Qu'il rend *e*,
Rend *ons*,
Rend *ez*,
Qu'ils rend *ent*.

SUBJONCTIF.

PRÉSENT OU FUTUR.

Il est temps

Que je rend *e*,
Que tu rend *es*,
Qu'il rend *e*,
Que nous rend *ions*,
Que vous rend *iez*,
Qu'ils rend *ent*.

IMPARFAIT.

On voulut

Que je rend *isse*,
Que tu rend *isses*,
Qu'il rend *ît*,
Que nous rend *issions*,
Que vous rend *issiez*,
Qu'ils rend *issent*.

PARFAIT.

Il a fallu

Que j'aie rendu,
Que tu aies rendu,
Qu'il ait rendu,
Que nous ayons rendu,
Que vous ayez rendu,
Qu'ils aient rendu.

PLUS-QUE-PARFAIT.

On aurait souhaité

Que j'eusse rendu,
Que tu eusses rendu,
Qu'il eût rendu,
Que nous eussions rendu,
Que vous eussiez rendu,
Qu'ils eussent rendu.

INFINITIF.
PRÉSENT.

Rend *re*.

PARFAIT.

Avoir rendu.

PARTICIPE PRÉSENT.

Rend *ant*.

PARTICIPE PASSÉ.

Rend *u*, rend *ue*, ayant rendu.

Conjuguez de même les verbes suivants : *vendre, tendre, détendre, attendre, étendre, entendre, pendre, suspendre, descendre, répandre, prétendre, fendre, défendre, refendre, tondre, fondre, refondre, confondre, pondre, répondre, mordre, tordre, perdre,* etc.

Et pour les verbes irréguliers de cette conjugaison, voyez le 4ᵉ chapitre de la seconde partie.

CHAPITRE V.

LES MÊMES VERBES CONJUGUÉS AVEC INTERROGATION.

Première conjugaison.

DONNER.

INDICATIF.

PRÉSENT.

Donné-je (1)?
Donnes-tu?
Donne-t-il?
Donnons-nous?
Donnez-vous?
Donnent-ils?

IMPARFAIT.

Donnais-je?
Donnais-tu?
Donnait-il?
Donnions-nous?
Donniez-vous?
Donnaient-ils?

PARFAIT DÉFINI.

Donnai-je?
Donnas-tu?
Donna-t-il?
Donnâmes-nous?
Donnât-s-vous?
Donnèrent-ils?

PARFAIT INDÉFINI.

Ai-je donné?
As-tu donné?
A-t-il donné?

Avons-nous donné?
Avez-vous donné?
Ont-ils donné?

PARFAIT ANTÉRIEUR.

Eus-je donné?
Eus-tu donné?
Eut-il donné?
Eûmes-nous donné?
Eûtes-vous donné?
Eurent-ils donné?

PLUS-QUE-PARFAIT.

Avais-je donné?
Avais-tu donné?
Avait-il donné?
Avions-nous donné?
Aviez-vous donné?
Avaient-ils donné?

FUTUR.

Donnerai-je?
Donneras-tu?
Donnera-t-il?
Donnerons-nous?
Donnerez-vous?
Donneront-ils?

---

(1) J'ai déjà dit que toutes les premières personnes du singulier, terminées par un E muet, prennent un accent aigu sur l'E dans l'interrogation : *J'aime, aimé-je? je chante, chanté-je? je donne, donné-je?*

CONJUG.   2

FUTUR ANTÉRIEUR.	PASSÉ.
Aurai-je donné ?	Aurais-je donné ?
Auras-tu donné ?	Aurais-tu donné ?
Aura-t-il donné ?	Aurait-il donné ?
Aurons-nous donné ?	Aurions-nous donné ?
Aurez-vous donné ?	Auriez-vous donné ?
Auront-ils donné ?	Auraient-ils donné ?

CONDITIONNEL.

Autrement.

PRÉSENT.	
Donnerais-je ?	Eusse-je donné ?
Donnerais-tu ?	Eusses-tu donné ?
Donnerait-il ?	Eût-il donné ?
Donnerions-nous ?	Eussions-nous donné ?
Donneriez-vous ?	Eussiez-vous donné ?
Donneraient-ils ?	Eussent-ils donné ?

Conjuguez de même quelques verbes de la première conjugaison, observant qu'un verbe ne peut se conjuguer ainsi que jusqu'au passé du conditionnel.

Seconde conjugaison.

FINIR.

INDICATIF.	Finîmes-nous ?
PRÉSENT.	Finîtes-vous ?
	Finirent-ils ?
Finis-je ?	
Finis-tu ?	PARFAIT INDÉFINI.
Finit-il ?	
Finissons-nous ?	Ai-je fini ?
Finissez-vous ?	As-tu fini ?
Finissent-ils ?	A-t-il fini ?
	Avons-nous fini ?
IMPARFAIT.	Avez-vous fini ?
Finissais-je ?	Ont-ils fini ?
Finissais-tu ?	
Finissait-il ?	PARFAIT ANTÉRIEUR.
Finissions-nous ?	
Finissiez-vous ?	Eus-je fini ?
Finissaient-ils ?	Eus-tu fini ?
	Eût-il fini ?
PARFAIT DÉFINI.	Eûmes-nous fini ?
Finis-je ?	Eûtes-vous fini ?
Finis-tu ?	Eurent-ils fini ?
Finit-il ?	

PLUS-QUE-PARFAIT.	CONDITIONNEL.
	PRÉSENT.
Avais-je fini ?	Finirais-je ?
Avais-tu fini ?	Finirais-tu ?
Avait-il fini ?	Finirait-il ?
Avions-nous fini ?	Finirions-nous ?
Aviez-vous fini ?	Finiriez-vous ?
Avaient-ils fini ?	Finiraient-ils ?
FUTUR.	PARFAIT.
Finirai-je ?	Aurais-je fini ?
Finiras-tu ?	Aurais-tu fini ?
Finira-t-il ?	Aurait-il fini ?
Finirons-nous ?	Aurions-nous fini ?
Finirez-vous ?	Auriez-vous fini ?
Finiront-ils ?	Auraient-ils fini ?
FUTUR ANTÉRIEUR.	*Autrement.*
Aurai-je fini ?	Eussé-je fini ?
Auras-tu fini ?	Eusses-tu fini ?
Aura-t-il fini ?	Eût-il fini ?
Aurons-nous fini ?	Eussions-nous fini ?
Aurez-vous fini ?	Eussiez-vous fini ?
Auront-ils fini ?	Eussent-ils fini ?

Conjuguez de même quelques verbes de la seconde conjugaison.

Troisième conjugaison.

RECEVOIR.

INDICATIF.	Recevions-nous ?
PRÉSENT.	Receviez-vous ?
	Recevaient-ils ?
Reçois-je ?	
Reçois-tu ?	
Reçoit-il ?	
Recevons-nous ?	PARFAIT DÉFINI.
Recevez-vous ?	
Reçoivent-ils ?	Reçus-je ?
IMPARFAIT.	Reçus-tu ?
	Reçut-il ?
Recevais-je ?	Reçûmes-nous ?
Recevais-tu ?	Reçûtes-vous ?
Recevait-il ?	Reçurent-ils ?

PARFAIT INDÉFINI.

Ai-je reçu ?
As-tu reçu ?
A-t-il reçu ?
Avons-nous reçu ?
Avez-vous reçu ?
Ont-ils reçu ?

PARFAIT ANTÉRIEUR.

Eus-je reçu ?
Eus-tu reçu ?
Eut-il reçu ?
Eûmes-nous reçu ?
Eûtes-vous reçu ?
Eurent-ils reçu ?

PLUS-QUE-PARFAIT.

Avais-je reçu ?
Avais-tu reçu ?
Avait-il reçu ?
Avions-nous reçu ?
Aviez-vous reçu ?
Avaient-ils reçu ?

FUTUR.

Recevrai-je ?
Recevras-tu ?
Recevra-t-il ?
Recevrons-nous ?
Recevrez-vous ?
Recevront-ils ?

FUTUR ANTÉRIEUR.

Aurai-je reçu ?
Auras-tu reçu ?
Aura-t-il reçu ?
Aurons-nous reçu ?
Aurez-vous reçu ?
Auront-ils reçu ?

CONDITIONNEL.

PRÉSENT.

Recevrais-je ?
Recevrais-tu ?
Recevrait-il ?
Recevrions-nous ?
Recevriez-vous ?
Recevraient-ils ?

PASSÉ.

Aurais-je reçu ?
Aurais-tu reçu ?
Aurait-il reçu ?
Aurions-nous reçu ?
Auriez-vous reçu ?
Auraient-ils reçu ?

Autrement.

Eussé-je reçu ?
Eusses-tu reçu ?
Eût-il reçu ?
Eussions-nous reçu ?
Eussiez-vous reçu ?
Eussent-ils reçu ?

Conjuguez de même quelques verbes de la troisième conjugaison.

Quatrième conjugaison.

RENDRE.

INDICATIF.

PRÉSENT.

Rends-je (1) ?
Rends-tu ?
Rend-il ?
Rendons-nous ?
Rendez-vous ?
Rendent-ils ?

IMPARFAIT.

Rendais-je ?
Rendais-tu ?
Rendait-il ?
Rendions-nous ?
Rendiez-vous ?
Rendaient-ils ?

PARFAIT DÉFINI.

Rendis-je ?
Rendis-tu ?
Rendit-il ?
Rendîmes-nous ?
Rendîtes-vous ?
Rendirent-ils ?

PARFAIT INDÉFINI.

Ai-je rendu ?
As-tu rendu ?
A-t-il rendu ?

Avons-nous rendu ?
Avez-vous rendu ?
Ont-ils rendu ?

PARFAIT ANTÉRIEUR.

Eus-je rendu ?
Eus-tu rendu ?
Eut-il rendu ?
Eûmes-nous rendu ?
Eûtes-vous rendu ?
Eurent-ils rendu ?

PLUS-QUE-PARFAIT.

Avais-je rendu ?
Avais-tu rendu ?
Avait-il rendu ?
Avions-nous rendu ?
Aviez-vous rendu ?
Avaient-ils rendu ?

FUTUR.

Rendrai-je ?
Rendras-tu ?
Rendra-t-il ?
Rendrons-nous ?
Rendrez vous ?
Rendront-ils ?

(1) L'usage ne permet pas toujours cette manière d'interroger à la première personne, parceque la prononciation en serait désagréable. On ne dit point : *Rends-je? vends-je? mens-je? perds-je? réponds-je? pars-je? cours-je? dors-je?* Quelquefois même on ne serait point entendu : on confondrait facilement *rends-je? vends-je? mens-je?* avec les impératifs *range, venge, mange.* Alors il faut prendre un autre tour.

FUTUR ANTÉRIEUR.	PASSÉ.
Aurai-je rendu ?	Aurais-je rendu ?
Auras-tu rendu ?	Aurais-tu rendu ?
Aura-t-il rendu ?	Aurait-il rendu ?
Aurons-nous rendu ?	Aurions-nous rendu ?
Aurez-vous rendu ?	Auriez-vous rendu ?
Auront-ils rendu ?	Auraient-ils rendu ?

CONDITIONNEL.

PRÉSENT.	*Autrement.*
Rendrais-je ?	Eussé-je rendu ?
Rendrais-tu ?	Eusses-tu rendu ?
Rendrait-il ?	Eût-il rendu ?
Rendrions-nous ?	Eussions-nous rendu ?
Rendriez-vous ?	Eussiez-vous rendu ?
Rendraient-ils ?	Eussent-ils rendu ?

Conjuguez de même quelques verbes de la quatrième conjugaison.

CHAPITRE VI.

Conjugaison des Verbes passifs.

Il n'y a qu'une seule conjugaison pour tous les verbes passifs : c'est le verbe ETRE dans tous ses temps, auquel on ajoute le participe du verbe actif dont on veut le passif ; mais ce participe prend le genre et le nombre du sujet du verbe. On dit *mon frère* EST AIMÉ, *ma sœur* EST AIMÉE ; *mon habit* EST FAIT, *ma robe* EST FAITE ; *le feu* EST ÉTEINT, *la bougie* EST ÉTEINTE.

Verbe passif ÊTRE AIMÉ.

INDICATIF.

PRÉSENT.

Masculin.	*Féminin.*
Je suis *aimé* (1),	Je suis *aimée* (1),
Tu es *aimé*,	Tu es *aimée*,
Il est *aimé*,	Elle est *aimée*,

(1) On ajoute un e muet au participe pour former le féminin.

Masculin.	*Féminin.*
Nous sommes *aimés* (1),	Nous sommes *aimées* (1),
Vous êtes *aimés* (2),	Vous êtes *aimées* (2).
Ils sont *aimés*.	Elles sont *aimées*.

IMPARFAIT.

J'étais *aimé*,	J'étais *aimée*,
Tu étais *aimé*,	Tu étais *aimée*,
Il était *aimé*.	Elle était *aimée*,
Nous étions *aimés*,	Nous étions *aimées*,
Vous étiez *aimés*,	Vous étiez *aimées*,
Ils étaient *aimés*.	Elles étaient *aimées*.

PARFAIT DÉFINI.

Je fus *aimé*,	Je fus *aimée*,
Tu fus *aimé*,	Tu fus *aimée*,
Il fut *aimé*,	Elle fut *aimée*,
Nous fûmes *aimés*,	Nous fûmes *aimées*,
Vous fûtes *aimés*,	Vous fûtes *aimées*,
Ils furent *aimés*.	Elles furent *aimées*.

PARFAIT INDÉFINI.

J'ai été *aimé*,	J'ai été *aimée*,
Tu as été *aimé*,	Tu as été *aimée*,
Il a été *aimé*,	Elle a été *aimée*,
Nous avons été *aimés*,	Nous avons été *aimées*,
Vous avez été *aimés*,	Vous avez été *aimées*,
Ils ont été *aimés*.	Elles ont été *aimées*.

PARFAIT ANTÉRIEUR.

J'eus été *aimé*,	J'eus été *aimée*,
Tu eus été *aimé*,	Tu eus été *aimée*,
Il eut été *aimé*,	Elle eut été *aimée*,
Nous eûmes été *aimés*,	Nous eûmes été *aimées*,
Vous eûtes été *aimés*,	Vous eûtes été *aimées*,
Ils eurent été *aimés*.	Elles eurent été *aimées*.

PLUS-QUE-PARFAIT.

J'avais été *aimé*,	J'avais été *aimée*,
Tu avais été *aimé*,	Tu avais été *aimée*,
Il avait été *aimé*,	Elle avait été *aimée*,
Nous avions été *aimés*,	Nous avions été *aimées*,
Vous aviez été *aimés*,	Vous aviez été *aimées*,
Ils avaient été *aimés*.	Elles avaient été *aimées*.

(1) On ajoute un *s* au participe pour former le pluriel.

(2) Quand le pronom vous est employé pour le pronom tu, le participe reste au singulier : *Vous êtes aimé ou aimée*.

Masculin.	*Féminin.*

FUTUR.

Je serai *aimé*,	Je serai *aimée*,
Tu seras *aimé*,	Tu seras *aimée*,
Il sera *aimé*,	Elle sera *aimée*,
Nous serons *aimés*,	Nous serons *aimées*,
Vous serez *aimés*,	Vous serez *aimées*,
Ils seront *aimés*.	Elles seront *aimées*.

FUTUR ANTÉRIEUR.

J'aurai été *aimé*,	J'aurai été *aimée*,
Tu auras été *aimé*,	Tu auras été *aimée*,
Il aura été *aimé*,	Elle aura été *aimée*,
Nous aurons été *aimés*,	Nous aurons été *aimées*,
Vous aurez été *aimés*,	Vous aurez été *aimées*,
Ils auront été *aimés*.	Elles auront été *aimées*.

CONDITIONNEL.

PRÉSENT OU FUTUR.

Je serais *aimé*,	Je serais *aimée*,
Tu serais *aimé*,	Tu serais *aimée*,
Il serait *aimé*,	Elle serait *aimée*,
Nous serions *aimés*,	Nous serions *aimées*,
Vous seriez *aimés*,	Vous seriez *aimées*,
Ils seraient *aimés*.	Elles seraient *aimées*.

PASSÉ.

J'aurais été *aimé*,	J'aurais été *aimée*,
Tu aurais été *aimé*,	Tu aurais été *aimée*,
Il aurait été *aimé*,	Elle aurait été *aimée*,
Nous aurions été *aimés*,	Nous aurions été *aimées*,
Vous auriez été *aimés*,	Vous auriez été *aimées*,
Ils auraient été *aimés*.	Elles auraient été *aimées*.

Autrement.

J'eusse été *aimé*,	J'eusse été *aimée*,
Tu eusses été *aimé*,	Tu eusses été *aimée*,
Il eût été *aimé*,	Elle eût été *aimée*,
Nous eussions été *aimés*,	Nous eussions été *aimées*,
Vous eussiez été *aimés*,	Vous eussiez été *aimées*,
Ils eussent été *aimés*.	Elles eussent été *aimées*.

IMPÉRATIF.

PRÉSENT OU FUTUR.

Sois *aimé*,	Sois *aimée*,
Qu'il soit *aimé*,	Qu'elle soit *aimée*,

Masculin.	*Féminin.*
Soyons aimés,	Soyons aimées,
Soyez aimés,	Soyez aimées,
Qu'ils soient aimés.	Qu'elles soient aimées.

SUBJONCTIF.

PRÉSENT *ou* FUTUR.

Que je sois aimé,	Que je sois aimée,
Que tu sois aimé,	Que tu sois aimée,
Qu'il soit aimé,	Qu'elle soit aimée,
Que nous soyons aimés,	Que nous soyons aimées,
Que vous soyez aimés,	Que vous soyez aimées,
Qu'ils soient aimés.	Qu'elles soient aimées.

IMPARFAIT.

Que je fusse aimé,	Que je fusse aimée,
Que tu fusses aimé,	Que tu fusses aimée,
Qu'il fût aimé,	Qu'elle fût aimée,
Que nous fussions aimés,	Que nous fussions aimées,
Que vous fussiez aimés,	Que vous fussiez aimées,
Qu'ils fussent aimés.	Qu'elles fussent aimées.

PARFAIT.

Que j'aie été aimé,	Que j'aie été aimée,
Que tu aies été aimé,	Que tu aies été aimée,
Qu'il ait été aimé,	Qu'elle ait été aimée,
Que nous ayons été aimés,	Que nous ayons été aimées,
Que vous ayez été aimés,	Que vous ayez été aimées,
Qu'ils aient été aimés.	Qu'elles aient été aimées.

PLUS-QUE-PARFAIT.

Que j'eusse été aimé,	Que j'eusse été aimée,
Que tu eusses été aimé,	Que tu eusses été aimée,
Qu'il eût été aimé,	Qu'elle eût été aimée,
Que nous eussions été aimés,	Que nous eussions été aimées,
Que vous eussiez été aimés,	Que vous eussiez été aimées,
Qu'ils eussent été aimés.	Qu'elles eussent été aimées.

INFINITIF.

PRÉSENT.

Masculin.	*Féminin.*
Être aimé.	Être aimée.

PARFAIT.

Avoir été aimé.	Avoir été aimée.

2*

PARTICIPE PRÉSENT.

Masculin.   *Féminin.*

Étant *aimé.*   Étant *aimée.*

PARTICIPE PASSÉ.

Ayant été *aimé.*   Ayant été *aimée.*

Il faut conjuguer de même les verbes passifs suivants : *être loué, être admiré, être guéri, être averti, être puni, être reçu, être aperçu, être lu, être entendu, être satisfait, être pris,* etc.

Mais comme cette manière de conjuguer pourrait paraître fort longue, on peut se dispenser de faire le masculin et le féminin à la fois : on conjugue un verbe passif au masculin, dans tous ses temps, et, une autre fois, on en conjugue un autre au féminin.

CHAPITRE VII.

Verbes neutres.

J'ai dit qu'on appelle verbe neutre celui après lequel on ne peut pas mettre *quelqu'un, quelque chose;* ou, ce qui est la même chose, celui qui n'a point de régime direct.

La plupart des verbes neutres se conjuguent, comme les verbes actifs, avec l'auxiliaire *avoir;* comme *marcher, dormir, languir,* qui font *j'ai marché, j'ai dormi, j'ai langui :* alors les verbes *aimer, finir, recevoir, rendre,* servent de modèles pour ces verbes, comme pour les verbes actifs. La seule différence qu'il y ait entre le verbe actif et le verbe neutre qui prend l'auxiliaire *avoir,* c'est que le participe passé du verbe actif peut toujours devenir *adjectif*, au lieu que le participe du verbe neutre qui prend *avoir* est un mot invariable. On dit fort bien *une personne* AIMÉE, *un travail* FINI, *des enfants* CHÉRIS, *des plumes* TAILLÉES : alors les participes *aimé, fini, chéri, taillé,* sont susceptibles de genre et de nombre. Mais on ne dirait pas de même *une personne* ou *une chose* MARCHÉE, *une personne* ou *une chose* LANGUIE, *une personne* ou *une chose* DORMIE : alors les participes *marché, langui, dormi,* sont des mots invariables ; et en conjuguant ces sortes de verbes, on doit écrire le participe au masculin seulement.

Modèle de conjugaison pour les Verbes neutres qui prennent l'auxiliaire ÊTRE.

ARRIVER.

INDICATIF.

PRÉSENT, *masculin et féminin.*

J'arrive, tu arrives, il *ou* elle arrive,
Nous arrivons, vous arrivez, ils *ou* elles arrivent.

IMPARFAIT, *masculin et féminin.*

J'arrivais, tu arrivais, il *ou* elle arrivait.
Nous arrivions, vous arriviez, ils *ou* elles arrivaient.

PARFAIT DÉFINI, *masculin et féminin.*

J'arrivai, tu arrivas, il *ou* elle arriva.
Nous arrivâmes, vous arrivâtes, ils *ou* elles arrivèrent.

PARFAIT INDÉFINI.

Masculin.	*Féminin.*
Je suis *arrivé,*	Je suis *arrivée,*
Tu es *arrivé,*	Tu es *arrivée,*
Il est *arrivé,*	Elle est *arrivée,*

Masculin.	Féminin.
Nous sommes *arrivés*,	Nous sommes *arrivées*,
Vous êtes *arrivés*,	Vous êtes *arrivées*,
Ils sont *arrivés*.	Elles sont *arrivées*.

PARFAIT ANTÉRIEUR.

Masculin.	Féminin.
Je fus *arrivé*,	Je fus *arrivée*,
Tu fus *arrivé*,	Tu fus *arrivée*,
Il fut *arrivé*,	Elle fut *arrivée*,
Nous fûmes *arrivés*,	Nous fûmes *arrivées*,
Vous fûtes *arrivés*,	Vous fûtes *arrivées*,
Ils furent *arrivés*.	Elles furent *arrivées*.

PLUS-QUE-PARFAIT.

Masculin.	Féminin.
J'étais *arrivé*,	J'étais *arrivée*,
Tu étais *arrivé*,	Tu étais *arrivée*,
Il était *arrivé*,	Elle était *arrivée*,
Nous étions *arrivés*,	Nous étions *arrivées*,
Vous étiez *arrivés*,	Vous étiez *arrivées*,
Ils étaient *arrivés*.	Elles étaient *arrivées*.

FUTUR, *masculin et féminin.*

J'arriverai, tu arriveras, il *ou* elle arrivera,
Nous arriverons, vous arriverez, ils *ou* elles arriveront.

FUTUR ANTÉRIEUR.

Masculin.	Féminin.
Je serai *arrivé*,	Je serai *arrivée*,
Tu seras *arrivé*,	Tu seras *arrivée*,
Il sera *arrivé*,	Elle sera *arrivée*,
Nous serons *arrivés*,	Nous serons *arrivées*,
Vous serez *arrivés*,	Vous serez *arrivées*,
Ils seront *arrivés*.	Elles seront *arrivées*.

CONDITIONNEL.

PRÉSENT, *masculin et féminin.*

J'arriverais, tu arriverais, il *ou* elle arriverait,
Nous arriverions, vous arriveriez, ils *ou* elles arriveraient.

PASSÉ.

Masculin.	*Féminin.*
Je serais *arrivé*,	Je serais *arrivée*,
Tu serais *arrivé*,	Tu serais *arrivée*,
Il serait *arrivé*;	Elle serait *arrivée*,
Nous serions *arrivés*,	Nous serions *arrivées*,
Vous seriez *arrivés*,	Vous seriez *arrivées*,
Ils seraient *arrivés*.	Elles seraient *arrivées*.

Autrement.

Masculin.	*Féminin.*
Je fusse *arrivé*,	Je fusse *arrivée*,
Tu fusses *arrivé*,	Tu fusses *arrivée*,
Il fût *arrivé*,	Elle fût *arrivée*,
Nous fussions *arrivés*,	Nous fussions *arrivées*,
Vous fussiez *arrivés*,	Vous fussiez *arrivées*,
Ils fussent *arrivés*.	Elles fussent *arrivées*.

IMPÉRATIF.

Masculin et féminin.

Arrive, qu'il *ou* qu'elle arrive,
Arrivons, arrivez, qu'ils *ou* qu'elles arrivent.

SUBJONCTIF.

PRÉSENT, *masculin et féminin.*

Que j'arrive, que tu arrives, qu'il *ou* qu'elle arrive,
Que nous arrivions, que vous arriviez, qu'ils *ou* qu'elles arrivent.

IMPARFAIT, *masculin et féminin.*

Que j'arrivasse, que tu arrivasses, qu'il *ou* qu'elle arrivât,
Que nous arrivassions, que vous arrivassiez, qu'ils *ou* qu'elles arrivassent.

PARFAIT.

Masculin.	*Féminin.*
Que je sois *arrivé*,	Que je sois *arrivée*,
Que tu sois *arrivé*,	Que tu sois *arrivée*,
Qu'il soit *arrivé*,	Qu'elle soit *arrivée*,
Que nous soyons *arrivés*,	Que nous soyons *arrivées*,
Que vous soyez *arrivés*,	Que vous soyez *arrivées*,
Qu'ils soient *arrivés*.	Qu'elles soient *arrivées*.

PLUS-QUE-PARFAIT.

Masculin.	*Féminin.*
Que je fusse *arrivé,*	Que je fusse *arrivée,*
Que tu fusses *arrivé,*	Que tu fusses *arrivée,*
Qu'il fût *arrivé,*	Qu'elle fût *arrivée,*
Que nous fussions *arrivés,*	Que nous fussions *arrivées,*
Que vous fussiez *arrivés,*	Que vous fussiez *arrivées,*
Qu'ils fussent *arrivés.*	Qu'elles fussent *arrivées.*

INFINITIF.

Masculin. *Féminin.*

PRÉSENT.

Arriver. Arriver.

PARFAIT.

Être *arrivé.* Être *arrivée.*

PARTICIPE PRÉSENT.

Arrivant. Arrivant.

PARTICIPE PASSÉ.

Arrivé, étant *arrivé.* *Arrivée,* étant *arrivée.*

On peut conjuguer de même les verbes suivants : *Monter, tomber, passer, rester, décéder, aller, entrer, descendre,* et tous les verbes neutres qui prennent l'auxiliaire ÊTRE.

CHAPITRE VIII.

Verbes pronominaux.

Les verbes pronominaux se conjuguent, dans les temps simples, comme les verbes actifs de la conjugaison à laquelle ils appartiennent ; et dans les temps composés ils se conjuguent comme le verbe neutre ARRIVER avec l'auxiliaire ÊTRE.

Modèle de conjugaison pour les Verbes pronominaux.

SE FÂCHER.

INDICATIF.

PRÉSENT, *masculin et féminin.*

Je me fâche, tu te fâches, il *ou* elle se fâche,
Nous nous fâchons, vous vous fâchez, ils *ou* elles se fâchent.

IMPARFAIT, *masculin et féminin.*

Je me fâchais, tu te fâchais, il *ou* elle se fâchait,
Nous nous fâchions, vous vous fâchiez, ils *ou* elles se
fâchaient.

PARFAIT DÉFINI, *masculin et féminin.*

Je me fâchai, tu te fâchas, il *ou* elle se fâcha,
Nous nous fâchâmes, vous vous fâchâtes, ils *ou* elles se
fâchèrent.

PARFAIT INDÉFINI.

Masculin.	*Féminin.*
Je me suis *fâché*,	Je me suis *fâchée*,
Tu t'es *fâché*,	Tu t'es *fâchée*,
Il s'est *fâché*,	Elle s'est *fâchée*,
Nous nous sommes *fâchés*,	Nous nous sommes *fâchées*,
Vous vous êtes *fâchés*,	Vous vous êtes *fâchées*,
Ils se sont *fâchés*.	Elles se sont *fâchées*.

PARFAIT ANTÉRIEUR.

Masculin.	*Féminin.*
	Quand, lorsque
Je me fus *fâché*,	Je me fus *fâchée*,
Tu te fus *fâché*,	Tu te fus *fâchée*,
Il se fut *fâché*,	Elle se fut *fâchée*,
Nous nous fûmes *fâchés*,	Nous nous fûmes *fâchées*,
Vous vous fûtes *fâchés*,	Vous vous fûtes *fâchées*,
Ils se furent *fâchés*.	Elles se furent *fâchées*.

PLUS-QUE-PARFAIT.

Masculin.	*Féminin.*
Je m'étais *fâché*,	Je m'étais *fâchée*,
Tu t'étais *fâché*,	Tu t'étais *fâchée*,
Il s'était *fâché*,	Elle s'était *fâchée*,
Nous nous étions *fâchés*,	Nous nous étions *fâchées*,
Vous vous étiez *fâchés*,	Vous vous étiez *fâchées*,
Ils s'étaient *fâchés*.	Elles s'étaient *fâchées*.

FUTUR, *masculin et féminin.*

Je me fâcherai, tu te fâcheras, il *ou* elle se fâchera,
Nous nous fâcherons, vous vous fâcherez, ils *ou* elles se
fâcheront.

FUTUR ANTÉRIEUR.

Masculin.	*Féminin.*
	Quand, lorsque	
Je me serai *fâché*,	Je me serai *fâchée*,
Tu te seras *fâché*,	Tu te seras *fâchée*,
Il se sera *fâché*,	Elle se sera *fâchée*,
Nous nous serons *fâchés*,	Nous nous serons *fâchées*,
Vous vous serez *fâchés*,	Vous vous serez *fâchées*,
Ils se seront *fâchés*.	Elles se seront *fâchées*.

CONDITIONNEL.

PRÉSENT, *masculin et féminin.*

Je me fâcherais, tu te fâcherais, il *ou* elle se fâcherait,
Nous nous fâcherions, vous vous fâcheriez, ils *ou* elles se
fâcheraient.

PASSÉ.

Masculin.	*Féminin.*
Je me serais *fâché*,	Je me serais *fâchée*,
Tu te serais *fâché*,	Tu te serais *fâchée*,
Il se serait *fâché*,	Elle se serait *fâchée*,
Nous nous serions *fâchés*,	Nous nous serions *fâchées*,
Vous vous seriez *fâchés*,	Vous vous seriez *fâchées*,
Ils se seraient *fâchés*.	Elles se seraient *fâchées*.

Autrement.

Masculin.	*Féminin.*
Je me fusse *fâché*,	Je me fusse *fâchée*,
Tu te fusses *fâché*,	Tu te fusses *fâchée*,
Il se fût *fâché*,	Elle se fût *fâchée*,

Masculin.	Féminin.
Nous nous fussions *fâchés*,	Nous nous fussions *fâchées*,
Vous vous fussiez *fâchés*,	Vous vous fussiez *fâchées*,
Ils se fussent *fâchés*.	Elles se fussent *fâchées*.

IMPÉRATIF.

Masculin et féminin.

Fâche-toi, qu'il *ou* qu'elle se fâche,
Fâchons-nous, fâchez-vous, qu'ils *ou* qu'elles se fâchent.

SUBJONCTIF.

PRÉSENT, *masculin et féminin.*

Que je me fâche, que tu te fâches, qu'il *ou* qu'elle se fâche,
Que nous nous fâchions, que vous vous fâchiez, qu'ils *ou*
   qu'elles se fâchent.

IMPARFAIT, *masculin et féminin.*

Que je me fâchasse, que tu te fâchasses, qu'il *ou* qu'elle se
   fâchât,
Que nous nous fâchassions, que vous vous fâchassiez, qu'ils
   ou qu'elles se fâchassent.

PARFAIT.

Masculin.	Féminin.
Que je me sois *fâché*,	Que je me sois *fâchée*,
Que tu te sois *fâché*,	Que tu te sois *fâchée*,
Qu'il se soit *fâché*,	Qu'elle se soit *fâchée*,
Que nous nous soyons *fâchés*,	Que nous nous soyons *fâchées*,
Que vous vous soyez *fâchés*,	Que vous vous soyez *fâchées*,
Qu'ils se soient *fâchés*.	Qu'elles se soient *fâchées*.

PLUS-QUE-PARFAIT.

Masculin.	Féminin.
Que je me fusse *fâché*,	Que je me fusse *fâchée*,
Que tu te fusses *fâché*,	Que tu te fusses *fâchée*,
Qu'il se fût *fâché*,	Qu'elle se fût *fâchée*,
Que nous nous fussions *fâchés*,	Que nous nous fussions *fâchées*,
Que vous vous fussiez *fâchés*,	Que vous vous fussiez *fâchées*,
Qu'ils se fussent *fâchés*.	Qu'elles se fussent *fâchées*.

INFINITIF.

PRÉSENT.

Masculin.	Féminin.
Se fâcher.	Se fâcher.

PARFAIT.

S'être *fâché*.	S'être *fâchée*.

PARTICIPE PRÉSENT.

Masculin.	*Féminin.*
Se fâchant.	Se fâchant.

PARTICIPE PASSÉ.

S'étant *fâché.*	S'étant *fâchée.*

Il faut conjuguer de même les **verbes suivants :**
*Se promener, se tourner, se reposer, s'habiller, se
blesser, se coucher, se tromper, se guérir, se divertir,
se convertir, se nourrir, se rendre, se vendre, s'entendre, se perdre, se mordre,* etc.

CHAPITRE IX.

Verbes impersonnels.

J'ai dit que le verbe impersonnel est celui qui ne
s'emploie qu'à la troisième personne **du singuliér.**

FALLOIR, *Modèle.*

INDICATIF.

PRÉSENT.	Il faut.
IMPARFAIT.	Il fallait.
PARFAIT DÉFINI.	Il fallut.
PARFAIT INDÉFINI.	Il a fallu.
PARFAIT ANTÉRIEUR.	Il eût fallu.
PLUS-QUE-PARFAIT.	Il avait fallu.
FUTUR	Il faudra.
FUTUR ANTÉRIEUR.	Il aura fallu.

CONDITIONNEL.

PRÉSENT.	Il faudrait.
PASSÉ.	Il aurait *ou* il eût fallu.

Point d'Impératif.

SUBJONCTIF.

PRÉSENT *ou* FUTUR.	Qu'il faille.
IMPARFAIT.	Qu'il fallût.
PARFAIT.	Qu'il ait fallu.
PLUS-QUE-PARFAIT.	Qu'il eût fallu.

INFINITIF.

PRÉSENT. . . . . Falloir.
PARFAIT. . . . . *Hors d'usage.*
PARTICIPE PRÉSENT. . . . . . . *Hors d'usage.*
PARTICIPE PASSÉ. . . . . Fallu, ayant fallu.

Conjuguez de même les verbes suivants : *Il pleut, il neige, il grêle, il tonne, il importe,* etc.

CHAPITRE X.

De la formation des temps des Verbes.

Les temps des verbes sont simples ou composés. On appelle temps simples ceux qui n'empruntent aucun temps de l'auxiliaire *avoir* ni de l'auxiliaire *être;* et temps composés ceux qui se forment des temps de l'auxiliaire *avoir* ou de l'auxiliaire *être,* et du participe passé du verbe que l'on conjugue.

Parmi les temps simples d'un verbe, il y en a cinq qu'on nomme *primitifs,* et qui servent à former les autres temps ; on appelle temps *dérivés* ceux qui se forment des temps *primitifs.*

Les temps primitifs sont :

1° La première personne singulière du présent de l'indicatif ;

2° Le parfait défini ;

3° Le présent de l'infinitif ;

4° Le participe présent ;

5° Le participe passé.

Tableau de la formation des Temps des Verbes, tant simples que composés, dans les Verbes réguliers.

DONNER,	PARTIR,	SE DÉFENDRE,
Verbe actif de la première conjugaison.	Verbe neutre de la seconde conjugaison.	Verbe pronominal de la quatrième conjugaison.

On appelle verbe *actif* celui qui a un *régime direct*; *neutre*, celui qui n'a point de régime direct; et *pronominal*, celui qui se conjugue avec deux pronoms de la même personne.

INDICATIF, *premier mode.* . . . . . .

On appelle *modes* les différentes manières d'employer le verbe.

PRÉSENT, *temps simple.* . . . . . .

On appelle *temps simples* ceux qui se conjuguent sans auxiliaire.

Je donne.	Je pars.	Je me défends.

De la première personne singulière du présent de l'indicatif, on forme la seconde personne singulière de l'impératif, en ôtant seulement le pronom JE (1).

(1) Excepté cinq verbes seulement : *j'ai*, impératif *aie* ; *je suis*, impératif *sois* ; *je vais*, impératif *va* ; *je sais*, impératif *sache* ; *je veux*, impératif *veuille.*

Tu donnes.	Tu pars.	Tu te défends.	Quand la première personne est terminée par un E muet, on y ajoute S pour former la seconde personne; et quand la première personne est terminée par S ou par X, la seconde est semblable à la première.
Il donne.	Il part.	Il se défend.	Quand la première personne d'un verbe est terminée par un E muet, la troisième personne est semblable à la première(1); et quand la première personne est terminée par S ou par X, la troisième est terminée par T ou par D.
Nous donnons,	Nous partons,	Nous nous défendons,	Les trois personnes plurielles du présent de l'indicatif se forment du *participe présent*, en changeant la finale ANS pour ONS à la première personne, pour EZ à la seconde, et pour ENT à la troisième.
Vous donnez,	Vous partez,	Vous vous défendez,	
Ils donnent.	Ils partent.	Ils se défendent.	

(1) Excepté à l'imparfait du subjonctif : que je *donnasse*, que tu *donnasses*, qu'il *donnât*; que je *partisse*, que tu *partisses*, qu'il *partît*.

L'imparfait de l'indicatif se forme du participe présent, en changeant la finale ANT pour AIS, AIS, AIT, au singulier; et pour IONS, IEZ, AIENT, au pluriel. Cette finale convient à l'imparfait de tous les verbes en général.

Du parfait défini, on forme l'imparfait du subjonctif, en changeant la finale AI pour ASSE dans la première conjugaison seulement, et en ajoutant SE au parfait défini dans tous les verbes des trois autres conjugaisons (1). Cette règle est si générale, qu'un verbe qui n'a point de parfait défini, n'a point d'imparfait au subjonctif.

IMPARFAIT ou PRÉSENT RELATIF, temps simple.

Je donnais,	Je partais,	Je me défendais,
Tu donnais,	Tu partais,	Tu te défendais,
Il donnait,	Il partait,	Il se défendait,
Nous donnions,	Nous partions,	Nous nous défendions,
Vous donniez,	Vous partiez,	Vous vous défendiez,
Ils donnaient.	Ils partaient.	Ils se défendaient.

PARFAIT DÉFINI, temps simple.

Je donnai,	Je partis,	Je me défendis,
Tu donnas,	Tu partis,	Tu te défendis,
Il donna,	Il partit,	Il se défendit,
Nous donnâmes,	Nous partîmes,	Nous nous défendîmes,
Vous donnâtes,	Vous partîtes,	Vous vous défendîtes,
Ils donnèrent.	Ils partirent.	Ils se défendirent.

(1) Il n'est question ici que de la première personne; mais, connaissant la première personne d'un temps, on connaît toutes les autres.

> On appelle temps composé celui qui est formé de l'auxiliaire *avoir* ou de *l'participe passé.* être et du participe passé.

PARFAIT INDÉFINI, *temps composé.*

> Le parfait indéfini se forme du présent de l'indicatif du verbe *avoir,* ou du présent de l'indicatif du verbe *être,* et du participe du verbe que l'on conjugue.

Je me suis défendu,
Tu t'es défendu,
Il s'est défendu,
Nous nous sommes défendus,
Vous vous êtes défendus,
Ils se sont défendus.

Je suis parti,
Tu es parti,
Il est parti,
Nous sommes partis,
Vous êtes partis,
Ils sont partis.

J'ai donné,
Tu as donné,
Il a donné,
Nous avons donné,
Vous avez donné,
Ils ont donné.

PARFAIT ANTÉRIEUR, *temps composé.*

Quand, lorsque, dès que, aussitôt que

> Le parfait antérieur se forme du parfait défini du verbe *avoir,* ou du parfait défini du verbe *être,* et du participe du verbe que l'on conjugue.

Je me fus défendu,
Tu te fus défendu,
Il se fut défendu,
Nous nous fûmes défendus,
Vous vous fûtes défendus,
Ils se furent défendus.

Je fus parti,
Tu fus parti,
Il fut parti,
Nous fûmes partis,
Vous fûtes partis,
Ils furent partis.

J'eus donné,
Tu eus donné,
Il eut donné,
Nous eûmes donné,
Vous eûtes donné,
Ils eurent donné.

PLUS-QUE-PARFAIT, temps composé.

J'avais donné,
Tu avais donné,
Il avait donné,
Nous avions donné,
Vous aviez donné,
Ils avaient donné.

Je m'étais défendu,
Tu t'étais défendu,
Il s'était défendu,
Nous nous étions défendus,
Vous vous étiez défendus,
Ils s'étaient défendus.

J'étais parti,
Tu étais parti,
Il était parti,
Nous étions partis,
Vous étiez partis,
Ils étaient partis.

> Le plus-que-parfait de l'indicatif se forme de l'imparfait de l'indicatif du verbe *avoir*, ou de l'imparfait de l'indicatif du verbe *être*, et du participe du verbe que l'on conjugue.

FUTUR, temps simple.

Je donnerai,
Tu donneras,
Il donnera,
Nous donnerons,
Vous donnerez,
Ils donneront.

Je me défendrai,
Tu te défendras,
Il se défendra,
Nous nous défendrons,
Vous vous défendrez,
Ils se défendront.

Je partirai,
Tu partiras,
Il partira,
Nous partirons,
Vous partirez,
Ils partiront.

> Le futur simple de l'indicatif se forme du *présent* de l'infinitif, en changeant la finale R, ou la finale RE, pour RAI, RAS, RA, au singulier, et pour RONS, REZ, RONT, au pluriel. Cette finale convient au futur de tous les verbes en général.

FUTUR ANTÉRIEUR, temps composé.

Quand, lorsque, dès que, aussitôt que.

J'aurai donné,
Tu auras donné,
Il aura donné,
Nous aurons donné,
Vous aurez donné,
Ils auront donné.

Je me serai défendu,
Tu te seras défendu,
Il se sera défendu,
Nous nous serons défendus,
Vous vous serez défendus,
Ils se seront défendus.

Je serai parti,
Tu seras parti,
Il sera parti,
Nous serons partis,
Vous serez partis,
Ils seront partis.

> Le futur antérieur se forme du futur simple du verbe *avoir*, ou du futur simple du verbe *être*, et du participe du verbe que l'on conjugue.

CONDITIONNEL, deuxième mode.

PRÉSENT OU FUTUR, temps simple.

Je donnerais,
Tu donnerais,
Il donnerait,
Nous donnerions,
Vous donneriez,
Ils donneraient.

Je partirais,
Tu partirais,
Il partirait,
Nous partirions,
Vous partiriez,
Ils partiraient.

Je me défendrais,
Tu te défendrais,
Il se défendrait,
Nous nous défendrions,
Vous vous défendriez,
Ils se défendraient.

> Le présent du conditionnel se forme du futur simple, en changeant les finales RAI, RAS, RA, RONS, REZ, RONT, pour RAIS, RAIS, RAIT, RIONS, RIEZ, RAIENT. Cette règle ne souffre aucune exception.

PASSÉ, temps composé.

J'aurais donné,
Tu aurais donné,
Il aurait donné,
Nous aurions donné,
Vous auriez donné,
Ils auraient donné.

Je serais parti,
Tu serais parti,
Il serait parti,
Nous serions partis,
Vous seriez partis,
Ils seraient partis.

Je me serais défendu,
Tu te serais défendu,
Il se serait défendu,
Nous nous serions défendus,
Vous vous seriez défendus,
Ils se seraient défendus.

> Le passé du conditionnel se forme du présent du conditionnel du verbe *avoir* ou du présent du conditionnel du verbe *être*, et du participe du verbe que l'on conjugue.

Autrement.

J'eusse donné,
Tu eusses donné,
Il eût donné,
Nous eussions donné,
Vous eussiez donné,
Ils eussent donné.

Je fusse parti,
Tu fusses parti,
Il fût parti,
Nous fussions partis,
Vous fussiez partis,
Ils fussent partis.

Je me fusse défendu,
Tu te fusses défendu,
Il se fût défendu,
Nous n. fussions défendus,
Vous vous fussiez défendus,
Ils se fussent défendus.

> Cette seconde manière d'exprimer le passé du conditionnel se forme du passé du conditionnel se forme de l'imparfait du subjonctif du verbe *avoir*, ou de l'imparfait du subjonctif du verbe *être*, et du participe du verbe que l'on conjugue.

CONJUG.

3

IMPÉRATIF, *troisième mode.*

PRÉSENT OU FUTUR.

Point de première personne au singulier.

Donne.	Pars.	Défends-toi.	La seconde personne singulière de l'impératif se forme de la première personne singulière du présent de l'indicatif, en ôtant seulement le pronom JE. *Voyez l'indicatif.*
Qu'il donne.	Qu'il parte.	Qu'il se défende. . . .	La troisième personne singulière de l'impératif est toujours semblable à la troisième personne singulière du présent du *subjonctif.*
Donnons, Donnez.	Partons. Partez.	Défendons-nous, Défendez-vous.	La première et la seconde personne plurielle de l'impératif sont semblables aux deux mêmes personnes du présent de l'indicatif. *Voyez l'indicatif.*
Qu'ils donnent.	Qu'ils partent.	Qu'ils se défendent. . . .	La troisième personne plurielle de l'impératif est toujours semblable à la troisième personne plurielle du présent du *subjonctif.*

SUBJONCTIF, *quatrième mode.*

PRÉSENT *ou* FUTUR , *temps simple.*

Il faut , il faudra , on veut

Que je donne,
Que tu donnes,
Qu'il donne,
Que nous donnions,
Que vous donniez,
Qu'ils donnent.

Que je parte,
Que tu partes,
Qu'il parte,
Que nous partions,
Que vous partiez,
Qu'ils partent.

Que je me défende,
Que tu te défendes,
Qu'il se défende,
Que nous nous défendions,
Que vous vous défendiez,
Qu'ils se défendent.

51

Le présent du subjonctif se forme du *participe présent*, en changeant la finale ANT pour E, ES, E, au singulier, et pour IONS, IEZ, ENT, au pluriel. La première et la seconde personne pluriclle de ce temps sont semblables aux deux mêmes personnes de *l'imparfait de l'indicatif*, et la troisième personne singulière et la troisième personne plurielle sont semblables aux mêmes personnes de l'impératif (1).

(1) A proprement parler, il n'y a point de troisième personne à l'impératif, ni au singulier, ni au pluriel; ce n'est que par ellipse qu'on dit : *Qu'ils donnent, qu'ils partent.* On sous-entend, *je veux, il faut,* ou un équivalent; et c'est comme si l'on disait : *Je veux qu'ils donnent; il faut qu'ils partent.*

L'imparfait du subjonctif se forme du *parfait défini*, en changeant la finale AI pour ASSE dans les verbes de la première conjugaison, et en ajoutant SE au parfait, dans tous les verbes des trois autres conjugaisons. Cette règle ne souffre aucune exception.

Dans cette formation, il n'est question que de la première personne ; mais, comme il a déjà été dit au parfait défini, la première personne d'un temps étant connue, les autres le sont nécessairement.

Il faut cependant remarquer que la troisième personne singulière de l'imparfait du subjonctif est toujours terminée par un T, avec un accent circonflexe sur la voyelle qui précède le T : *qu'il aimât, qu'il finît, qu'il reçût, qu'il rendît, qu'il vînt*, etc.

IMPARFAIT ou PRÉSENT RELATIF, *temps simple.*

Il fallait, il fallut, il a fallu, il avait fallu, il faudrait, il aurait fallu, il eût fallu

Que je donnasse,
Que tu donnasses,
Qu'il donnât,
Que nous donnassions,
Que vous donnassiez,
Qu'ils donnassent.

Que je partisse,
Que tu partisses,
Qu'il partît,
Que nous partissions,
Que vous partissiez,
Qu'ils partissent.

Que je me défendisse,
Que tu te défendisses,
Qu'il se défendît,
Que nous n. défendissions,
Que vous v. défendissiez,
Qu'ils se défendissent.

PARFAIT, temps composé.

Il faut, il a fallu, il faudra, il aura fallu

Que j'aie donné,	Que je sois parti,	Que je me sois défendu,
Que tu aies donné,	Que tu sois parti,	Que tu te sois défendu,
Qu'il ait donné,	Qu'il soit parti,	Qu'il se soit défendu,
Que nous ayons donné,	Que nous soyons partis,	Que n. n. soyons défendus,
Que vous ayez donné,	Que vous soyez partis,	Que v. v. soyez défendus,
Qu'ils aient donné.	Qu'ils soient partis.	Qu'ils se soient défendus.

{ Le parfait du subjonctif se forme du présent du subjonctif du verbe *avoir*, ou du présent du subjonctif du verbe *être*, et du participe du verbe que l'on conjugue.

PLUS-QUE-PARFAIT, temps composé.

Il fallait, il fallut, il a fallu, il avait fallu, il faudrait, il aurait fallu, il eût fallu

Que j'eusse donné,	Que je fusse parti,	Que je me fusse défendu,
Que tu eusses donné,	Que tu fusses parti,	Que tu te fusses défendu,
Qu'il eût donné,	Qu'il fût parti,	Qu'il se fût défendu,
Que nous eussions donné,	Que nous fussions partis,	Que n. n. fussions défendus,
Que vous eussiez donné,	Que vous fussiez partis,	Que v. v. fussiez défendus.
Qu'ils eussent donné.	Qu'ils fussent partis.	Qu'ils se fussent défendus.

{ Le plus-que-parfait du subjonctif se forme de l'imparfait du subjonctif du verbe *avoir*, ou de l'imparfait du subjonctif du verbe *être*, et du participe du verbe que l'on conjugue.

Ce temps est semblable au deuxième conditionnel passé.

INFINITIF, cinquième mode.

PRÉSENT, temps simple.

Donner.	Partir.	Se défendre.	Du présent de l'infinitif on forme le futur de l'indicatif, en changeant la finale R ou la finale RE pour RAI. Voyez le futur.

PARFAIT, temps composé.

Avoir donné.	Être parti.	S'être défendu.	Le parfait de l'infinitif se forme du présent de l'infinitif du verbe *avoir*, ou du présent de l'infinitif du verbe *être*, et du participe du verbe que l'on conjugue.

PARTICIPE PRÉSENT, temps simple.

Donnant.	Partant.	Se défendant.	Du participe présent on forme le pluriel du présent de l'indicatif, l'imparfait de l'indicatif, et le présent du subjonctif. Voyez ces trois temps.

PARTICIPE PASSÉ.

Donné.	Parti.	Défendu.	Du participe passé on forme tous les temps composés, à l'aide des auxiliaires *avoir* et *être*.

PARTICIPE PASSÉ, temps composé.

Ayant donné.	Étant parti.	S'étant défendu.	Ce temps se forme du participe présent du verbe *avoir*, ou du participe présent du verbe *être*, et du participe du verbe que l'on conjugue.

55

REMARQUES.

PREMIÈRE REMARQUE.

Il y a encore quelques temps que je n'ai pas insérés dans les modèles précédents, parcequ'on s'en sert rarement. On les nomme *temps surcomposés*, parcequ'ils se forment de temps composés de l'auxiliaire *avoir* ou de l'auxiliaire *être*, et d'un participe. Ce sont :

1° Un *parfait antérieur indéfini*, formé du parfait indéfini du verbe *avoir* ou du verbe *être*, et du participe d'un autre verbe ; comme, *quand j'ai eu fini, quand j'ai eu chanté, quand tu as été parti, quand il a été arrivé*.

2° Un *plus-que-parfait*, formé du plus-que-parfait du verbe *avoir* ou du verbe *être*, et du participe d'un autre verbe ; comme, *si j'avais eu chanté, si j'avais eu fini, si tu avais été arrivé, s'il avait été parti*.

3° Un *futur antérieur*, formé du futur antérieur du verbe *avoir* ou du verbe *être*, et du participe d'un autre verbe ; comme, *j'aurai eu chanté, tu auras eu fini, il aura été arrivé*.

4° Un *conditionnel passé*, formé du passé du conditionnel du verbe *avoir* ou du verbe *être*, et du participe d'un autre verbe ; comme, *j'aurais eu fini, tu aurais eu mangé, il aurait été parti*.

Le plus en usage de ces quatre temps surcomposés, c'est le *parfait antérieur indéfini*. On l'emploie pour exprimer une chose faite avant une autre dans un temps indéterminé, ou dans un temps déterminé qui n'est pas entièrement écoulé.

Le parfait antérieur défini, *quand j'eus chanté, quand il eut fini, quand il fut parti*, etc., ne peut s'employer que pour exprimer une chose passée avant une autre dans un temps déterminé qui est entièrement écoulé.

Ces temps surcomposés ne sont en usage que dans les verbes actifs et dans les verbes neutres ; ils ne peuvent être employés ni dans les verbes passifs ni dans les verbes pronominaux.

DEUXIÈME REMARQUE.

Dans les verbes de la première conjugaison, ainsi que dans ceux de la seconde dont le présent de l'indicatif se termine par un *e* muet, la seconde personne de l'impératif, se formant de la première du présent de l'indicatif, se termine aussi par un *e* muet ; mais on ajoute une *s* à la seconde personne de l'impératif, quand cet impératif est suivi de l'un des pronoms *y* ou *en*, et l'on écrit : *portes-y du secours, donnes-en à ton frère*. Mais il vaut mieux placer cette *s* entre deux traits d'union, comme on place le *t* dans *va-t-il, souffre-t-il, porte-t-il*, etc., et écrire : *porte-s-y du secours, songe-s-y, donne-s-en à ton frère, offre-s-en à ta sœur*.

Il ne faut pas confondre la préposition *en* avec le pronom *en*. Avec la préposition, il faut écrire : *voyage en France, porte en Allemagne, donne en tout temps des preuves de courage*, sans ajouter *s* à l'impératif.

CHAPITRE XI.

Remarques sur l'emploi des deux auxiliaires AVOIR *et* ÊTRE.

L'auxiliaire *avoir* sert,

1° A se conjuguer lui-même dans ses temps composés; comme, j'AI *eu*, j'AVAIS *eu*, j'AURAI *eu*, j'AURAIS *eu*, etc.

2° A conjuguer les temps composés du verbe *être;* comme, j'AI *été*, j'AVAIS *été*, j'AURAI *été*, j'AURAIS *été*, etc.

3° A conjuguer les temps composés de tous les verbes *actifs*, sans exception, et ceux de la plupart des verbes *neutres;* comme, j'AI *donné*, j'AVAIS *cousu*, j'AURAI *entendu*, j'AURAIS *ménagé*, actifs; et j'AI *dormi*, j'AVAIS *marché*, j'AURAI *vécu*, j'AURAIS *langui*, neutres.

L'auxiliaire *être* sert,

1° A conjuguer tous les verbes *passifs* dans tous les temps; comme, *être aimé*, qui fait *je* SUIS *aimé*, j'ÉTAIS *aimé*, j'AI ÉTÉ *aimé*, *je* SERAI *aimé*, *je* SERAIS *aimé*, etc.

2° A conjuguer les temps composés de tous les verbes nommés *pronominaux*, *réfléchis*, *réciproques;* comme, *se blesser*, qui fait *je me* SUIS *blessé*, *je m'*ÉTAIS *blessé*, *je me* SERAIS *blessé*, etc.; mais, dans la plupart de ces verbes, l'auxiliaire *être* est employé pour l'auxiliaire *avoir*.

3° A conjuguer quelques verbes neutres, tels que *aller*, *arriver*, *choir*, *déchoir*, *décéder*, *entrer*,

3*

mourir, naître, partir, rester, sortir, tomber, venir, devenir, intervenir, parvenir, revenir, survenir. On doit dire : *il* EST *mort, il* EST *venu, il* EST *parti, il* EST *né, il* EST *tombé*, etc.

Quelques verbes prennent indifféremment l'auxiliaire *avoir* ou l'auxiliaire *être*. Ces verbes sont : *accourir, apparaître, comparaître, disparaître, croître, décroître, accroître, recroître*. On dit également *ils* SONT *accourus, ils* ONT *accouru ; il* EST *disparu, il* A *disparu*, etc.

Mais quelques verbes prennent tantôt l'auxiliaire *avoir* et tantôt l'auxiliaire *être*, suivant le sens qu'on leur donne. Ces verbes sont : *accoucher, aller, cesser, demeurer, descendre, échapper, monter, passer, sortir, convenir*.

RÈGLE.

Les verbes dont nous venons de parler doivent se conjuguer avec *avoir* toutes les fois qu'ils sont suivis d'un régime, ou que, sans être suivis d'un régime, ils marquent une action.

Mais ces mêmes verbes se conjuguent avec *être* toutes les fois qu'ils expriment simplement l'état du sujet.

IL FAUT DIRE

Avec AVOIR :

Cette sage-femme A ACCOUCHÉ plusieurs dames que je connais : je dis *a accouché*, parceque ce verbe exprime une action, et qu'il a un régime.

Il A ÉTÉ à Rome, si l'on veut exprimer qu'il a fait un voyage à Rome, et qu'il est de retour.

Avec ÊTRE :

Cette dame EST ACCOUCHÉE fort heureusement : je dis *est accouchée*, parceque ce verbe n'exprime que l'état du sujet, *cette dame*.

Il EST ALLÉ à Rome, si l'on veut exprimer qu'il est parti pour Rome, et qu'il n'en est pas de retour.

Avec AVOIR :

Il A CESSÉ son travail : *a cessé*, parceque ce verbe a un régime, qui est *travail.*

Mon frère A DEMEURÉ deux ans à Paris, pour exprimer que mon frère a passé deux ans à Paris ; mais qu'il n'y est plus.

Les tonneliers ONT DESCENDU le vin à la cave : *ont descendu*, parcequ'il y a un régime, qui est *vin.*

Le cerf A ÉCHAPPÉ aux chiens, pour dire que les chiens ne l'ont point atteint, ne l'ont point aperçu.

L'un des prisonniers A ÉCHAPPÉ à la gendarmerie, pour dire qu'il n'a point été pris, qu'il n'a point été vu.

Il A MONTÉ à cheval, pour faire entendre qu'il est de retour.

Il A MONTÉ cinq étages ; il A MONTÉ sa montre ; il A MONTÉ sa maison sur un bon pied.

Les troupes françaises ONT PASSÉ le Rhin. — La procession A PASSÉ sous mes fenêtres. — Il A PASSÉ la rivière. Dans ces phrases, il y a action ou régime.

Ce mot A PASSÉ, pour dire *a été reçu.*

Ces maisons nous ONT CONVENU.

Convenir preud *avoir* quand il signifie *être convenable.*

Avec ÈTRE :

La pluie A CESSÉ ou EST CESSÉE : *cesser*, sans régime, prend *avoir* ou *être* indifféremment.

Mon frère EST DEMEURÉ à Paris, signifie qu'il a fait un voyage à Paris, et qu'il y est encore.

Les tonneliers SONT DESCENDUS à la cave : *sont descendus*, parcequ'il n'y a point de régime ; ce verbe n'exprime qu'un état, celui d'être en bas.

Le cerf EST ÉCHAPPÉ aux chiens, pour dire que les chiens l'ont vu, l'ont serré de près, mais qu'il s'est tiré du péril par agilité ou autrement.

L'autre EST ÉCHAPPÉ à la gendarmerie, pour dire qu'il était mal tenu, qu'il s'est sauvé par force ou par adresse.

Il EST MONTÉ dans sa chambre, pour faire entendre qu'il y est encore.

Cet écolier était en troisième, il EST MONTÉ en seconde.

Les troupes SONT PASSÉES. — Cette tapisserie EST PASSÉE. Dans ces phrases, on marque simplement l'état du sujet.

Ce mot EST PASSÉ, pour dire *on ne s'en sert plus.*

Et nous SOMMES CONVENUS du prix.

Convenir prend *être* quand il signifie *demeurer d'accord.*

FIN DE LA PREMIÈRE PARTIE.

SECONDE PARTIE,

CONTENANT

LES VERBES IRRÉGULIERS DES QUATRE CONJUGAISONS.

On appelle *irréguliers* les verbes qui ne suivent pas toujours les règles de la formation des temps.

CHAPITRE I.

Verbes irréguliers de la première conjugaison.

Cette conjugaison, qui comprend la très grande majorité de nos verbes, n'a, à proprement parler, qu'un seul verbe irrégulier, qui est *aller* : il sera conjugué à la fin de ce chapitre. Mais quelques verbes de cette conjugaison méritent une attention particulière.

REMARQUES

SUR QUELQUES VERBES DE LA PREMIÈRE CONJUGAISON.

Ire.

Verbes terminés en ailler, eiller, ouiller, *qui ont deux* ll mouillées à tous leurs temps.

TRAVAILLER, *Modèle.*

INDICATIF.

PRÉSENT.

Je travaille, tu travailles, il travaille,
Nous *travaillons*, vous *travaillez*, ils travaillent.

IMPARFAIT.

Je travaillais, tu travaillais, il travaillait,
Nous *travaillions*, vous *travailliez*, ils travaillaient.

PARFAIT DÉFINI.

Je travaillai, tu travaillas, il travailla,
Nous travaillâmes, vous travaillâtes, ils travaillèrent.
PARFAIT INDÉFINI. . . . . J'ai travaillé (1).
PARFAIT ANTÉRIEUR. . . . . J'eus travaillé.
PLUS-QUE-PARFAIT. . . . . J'aurai travaillé.

FUTUR.

Je travaillerai, tu travailleras, il travaillera,
Nous travaillerons, vous travaillerez, ils travailleront.
FUTUR ANTÉRIEUR. . . . . J'aurai travaillé.

CONDITIONNEL.

PRÉSENT *ou* FUTUR.

Je travaillerais, tu travaillerais, il travaillerait,
Nous travaillerions, vous travailleriez, ils travailleraient.
PASSÉ. . . . . J'aurais *ou* j'eusse travaillé.

IMPÉRATIF.

Travaille, *travaillons*, *travaillez*.

SUBJONCTIF.

PRÉSENT *ou* FUTUR.

Que je travaille, que tu travailles, qu'il travaille,
Que nous *travaillions*, que vous *travailliez*, qu'ils travaillent.

IMPARFAIT.

Que je travaillasse, que tu travaillasses, qu'il travaillât,
Que nous travaillassions, que vous travaillassiez, qu'ils travaillassent.

---

(1) Quelque irrégulier que soit un verbe, les irrégularités ne se rencontrent que dans les temps simples; c'est pourquoi je donnerai seulement la première personne de chaque temps composé.

| PARFAIT. | . . . . | Que j'aie travaillé. |
| PLUS-QUE-PARFAIT. | . . . . . . | Que j'eusse travaillé. |

INDICATIF.

PRÉSENT.	. . . .	Travailler.
IMPARFAIT.	. . . .	Avoir travaillé.
PARTICIPE PRÉSENT.	. . . . . .	Travaillant.
PARTICIPE PASSÉ.	. . . .	Travaillé, travaillée, ayant travaillé.

Conjuguez de même les verbes suivants : *tailler, détailler, émailler, conseiller, veiller, surveiller, réveiller, mouiller, fouiller, brouiller, embrouiller, débrouiller,* etc.

IIe.

Verbes dont l'infinitif est terminé en **ger.**

MANGER , *Modèle.*

INDICATIF.

PRÉSENT.

Je mange, tu manges, il mange,
Nous *mangeons* (1), vous mangez, ils mangent.

IMPARFAIT.

Je *mangeais*, tu *mangeais*, il *mangeait*,
Nous mangions, vous mangiez, ils *mangeaient*.

PARFAIT DÉFINI.

Je *mangeai*, tu *mangeas*, il *mangea*,
Nous *mangeâmes*, vous *mangeâtes*, ils mangèrent.

| PARFAIT INDÉFINI. | . . . . | J'ai mangé. |

---

(1) Remarquez que, dans ce verbe, le G a la prononciation douce du J ; c'est pourquoi il faut un E muet à la suite du G avant les voyelles A, O, pour lui conserver cette prononciation. J'indique, par un caractère différent, toutes les personnes de ce verbe qui doivent avoir un E muet pour adoucir le G.

PARFAIT ANTÉRIEUR. . . . . . . J'eus mangé.
PLUS-QUE-PARFAIT. . . . . . . J'avais mangé.

FUTUR.

Je mangerai, tu mangeras, il mangera,
Nous mangerons, vous mangerez, ils mangeront.
FUTUR ANTÉRIEUR. . . . . . . J'aurai mangé.

CONDITIONNEL.

PRÉSENT ou FUTUR.

Je mangerais, tu mangerais, il mangerait,
Nous mangerions, vous mangeriez, ils mangeraient.
PASSÉ. . . . . J'aurais ou j'eusse mangé.

IMPÉRATIF.

Mange, *mangeons*, mangez.

SUBJONCTIF.

PRÉSENT ou FUTUR.

Que je mange, que tu manges, qu'il mange,
Que nous mangions, que vous mangiez, qu'ils mangent.

IMPARFAIT.

Que je *mangeasse*, que tu *mangeasses*, qu'il *mangeât*.
Que nous *mangeassions*, que vous *mangeassiez*, qu'ils
mangeassent.
PARFAIT. . . . . Que j'aie mangé.
PLUS-QUE-PARFAIT. . . . . . . Que j'eusse mangé.

INFINITIF.

PRÉSENT. . . . . Manger.
PARFAIT. . . . . Avoir mangé.
PARTICIPE PRÉSENT. . . . . . . *Mangeant.*
PARTICIPE PASSÉ. . . . . Mangé, mangée, ayant
mangé.

Conjuguez de même les verbes suivants : *ménager,
partager, corriger, interroger, songer, ranger,
déranger, arranger, gager, engager, dégager,
voyager, nager, ravager, bouger, diriger, rédiger,*

ronger, juger, protéger, abréger, outrager, encou-
rager, venger, etc.

IIIe.
Verbes dont l'infinitif est terminé en ouer et en uer.

JOUER, *Modèle.*

INDICATIF.

PRÉSENT.

Je joue, tu joues, il joue,
Nous jouons, vous jouez, ils jouent.

IMPARFAIT.

Je jouais, tu jouais, il jouait,
Nous jouions, vous jouiez, ils jouaient.

PARFAIT DÉFINI.

Je jouai, tu jouas, il joua,
Nous jouâmes, vous jouâtes, ils jouèrent.

PARFAIT INDÉFINI . . . . J'ai joué.
PARFAIT ANTÉRIEUR . . . . J'eus joué.
PLUS-QUE-PARFAIT . . . . J'avais joué.

FUTUR.

Je jouerai, tu joueras, il jouera (1),
Nous jouerons, vous jouerez, ils joueront.

FUTUR ANTÉRIEUR . . . . J'aurai joué.

CONDITIONNEL.

PRÉSENT ou FUTUR.

Je jouerais, tu jouerais, il jouerait,
Nous jouerions, vous joueriez, ils joueraient.

PASSÉ . . . . J'aurais ou j'eusse joué.

(1) Remarquez que, dans tous les verbes de la première conjugaison, le *futur* a toujours un E muet avant la finale RAI, et au *conditionnel* de même, avant la finale RAIS (je *jouerai*, je *jouerais*); et que c'est une faute de le retrancher.

IMPÉRATIF.

Joue, jouons, jouez.

SUBJONCTIF.

PRÉSENT *ou* FUTUR.

Que je joue, que tu joues, qu'il joue,
Que nous jouions, que vous jouiez, qu'ils jouent,

IMPARFAIT.

Que je jouasse, que tu jouasses, qu'il jouât,
Que nous jouassions, que vous jouassiez, qu'ils jouassent.
PARFAIT. . . . . Que j'aie joué.
PLUS-QUE-PARFAIT. . . . . Que j'eusse joué.

INFINITIF.

PRÉSENT. . . . . Jouer.
PARFAIT. . . . . Avoir joué.
PARTICIPE PRÉSENT. . . . . . . Jouant.
PARTICIPE PASSÉ. . . . . Joué, jouée, ayant joué.

Conjuguez de même les verbes suivants : *louer,
avouer, nouer, dénouer, renouer, clouer, déclouer,
échouer, vouer, secouer, douer, trouer; et suer,
muer, tuer, remuer, huer, distribuer, instituer,
contribuer, influer, prostituer, destituer, puer.*

Remarque sur ce dernier.

« Puer, verbe neutre, sentir mauvais. Ce verbe
« n'est d'usage qu'à l'infinitif, au présent, à l'im-
« parfait, au futur, et au conditionnel présent.
« On écrivait autrefois, *je pus, tu pus, il put* :
« l'usage a réformé cet abus. On écrit maintenant,
« je *pue,* tu *pues,* il *pue. Cette viande commence
« à* PUER. *Ces perdrix* PUENT. *Cet homme* PUE
« beaucoup. *Son haleine* PUE. *Il* PUAIT. *Cela* PUERA
« *bientôt. Si vous gardiez cette viande plus long-
« temps, elle* PUERAIT. » (ACADÉMIE.) (1)

_____

(1) Dans la sixième édition, l'Académie ne fait même pas
mention de l'ancienne orthographe de ce verbe.

LHOMOND, dans son Abrégé, et presque tous ceux qui l'ont copié, écrivent toujours, je *pus*, tu *pus*, il *put*; mais c'est à tort : il faut écrire, je *pue*, tu *pues*, il *pue*, comme on écrit, je *remue*, tu *remues*, il *remue*.

IVᵉ.

Verbes dont l'infinitif est terminé en ier.

OUBLIER, *Modèle.*

INDICATIF.

PRÉSENT.

J'oublie, tu oublies, il oublie,
Nous oublions, vous oubliez, ils oublient.

IMPARFAIT.

J'oubliais, tu oubliais, il oubliait,
Nous *oubliions*, vous *oubliiez* (1), ils oubliaient.

PARFAIT DÉFINI.

J'oubliai, tu oublias, il oublia,
Nous oubliâmes, vous oubliâtes, ils oublièrent.
PARFAIT INDÉFINI. . . . . J'ai oublié.
PARFAIT ANTÉRIEUR. . . . . . . J'eus oublié.
PLUS-QUE-PARFAIT. . . . . J'avais oublié.

FUTUR.

J'oublierai, tu oublieras, il oubliera (2),
Nous oublierons, vous oublierez, ils oublieront.
FUTUR ANTÉRIEUR. . . . . . . J'aurai oublié.

---

(1) Remarquez que, dans ce verbe et dans les autres semblables, il faut deux *ii* à l'imparfait de l'indicatif, à la première et à la seconde personne du pluriel.

Règle générale. Tout verbe dont l'infinitif est terminé en *ier* a un *i* aux deux premières personnes plurielles du présent de l'indicatif, et deux *ii* aux mêmes personnes de l'imparfait du même mode.

(2) Remarquez encore une fois ce que j'ai dit au sujet du

CONDITIONNEL.

PRÉSENT *ou* FUTUR.

J'oublierais, tu oublierais, il oublierait,
Nous oublierions, vous oublieriez, ils oublieraient.
PASSÉ. . . . . J'aurais *ou* j'eusse oublié.

IMPÉRATIF.

Oublie, oublions, oubliez.

SUBJONCTIF.

PRÉSENT *ou* FUTUR.

Que j'oublie, que tu oublies, qu'il oublie,
Que nous oubliions, que vous oubliiez (1), qu'ils oublient.

IMPARFAIT.

Que j'oubliasse, que tu oubliasses, qu'il oubliât,
Que nous oubliassions, que vous oubliassiez, qu'ils ou-
    bliassent.
PARFAIT. . . . . Que j'aie oublié.
PLUS-QUE-PARFAIT. . . . . . . Que j'eusse oublié.

INFINITIF.

PRÉSENT. . . . . Oublier.
PARFAIT. . . . . Avoir oublié.
PARTICIPE PRÉSENT. . . . . . . Oubliant.
PARTICIPE PASSÉ. . . . . . . Oublié, oubliée, ayant ou-
                            blié.

Conjuguez de même les verbes suivants : *publier,
prier, sacrifier, scier, plier, déplier, replier, lier,
délier, relier, crier, décrier, vérifier, justifier,
certifier, orthographier, étudier, concilier, réconci-
lier, nier, purifier, défier, vivifier, clarifier*, et
tous les verbes dont l'infinitif est terminé en IER.

---

verbe *jouer*; il faut toujours un E muet au futur, avant la
finale RAI, et un au conditionnel, avant la finale RAIS.

(1) Remarquez que la première et la seconde personne du
pluriel du présent du subjonctif sont semblables aux deux
mêmes personnes de l'imparfait de l'indicatif.

Vᵉ.

Verbes dont l'infinitif est terminé en oyer, ayer *et* uyer; *comme* PLOYER, PAYER, ESSUYER, *etc.*

PLOYER, *Modèle.*

INDICATIF.

PRÉSENT.

Je ploie, tu ploies, il ploie (1),
Nous ployons, vous ployez, ils ploient.

IMPARFAIT.

Je ployais, tu ployais, il ployait,
Nous *ployions*, vous *ployiez* (2), ils ployaient.

PARFAIT DÉFINI.

Je ployai, tu ployas, il ploya,
Nous ployâmes, vous ployâtes, ils ployèrent.
PARFAIT INDÉFINI . . . . J'ai ployé.
PARFAIT ANTÉRIEUR . . . . J'eus ployé.
PLUS-QUE-PARFAIT . . . . J'avais ployé.

FUTUR.

Je ploierai (3), tu ploieras, il ploiera,
Nous ploierons, vous ploierez, ils ploieront.
FUTUR ANTÉRIEUR . . . . J'aurai ployé.

---

(1) Remarquez que, dans ces verbes, l'y se change en i dans les trois personnes du singulier, et dans la troisième personne plurielle du présent de l'indicatif.

(2) La première et la seconde personne plurielle de l'imparfait de l'indicatif ont un y et un i, parceque c'est une règle générale que ces deux personnes doivent toujours avoir un i de plus que les deux mêmes personnes du présent du même mode.

(3) L'y se change en i au futur et au présent du conditionnel.

CONDITIONNEL.

PRÉSENT OU FUTUR.

Je ploierais, tu ploierais, il ploierait,
Nous ploicrions, vous ploicriez, ils ploieraient.
PASSÉ............. J'aurais *ou* j'eusse ployé.

IMPÉRATIF.

Ploie (1), ployons, ployez.

SUBJONCTIF.

PRÉSENT OU FUTUR.

Que je ploie, que tu ploies, qu'il ploie (2),
Que nous *ployions*, que vous *ployiez* (3), qu'ils ploient.

IMPARFAIT.

Que je ployasse, que tu ployasses, qu'il ployât,
Que nous ployassions, que vous ployassiez, qu'ils
    ployassent
PARFAIT............ Que j'aie ployé.
PLUS-QUE-PARFAIT.... Que j'eusse ployé.

INFINITIF.

PRÉSENT............. Ployer.
PARFAIT............. Avoir ployé.
PARTICIPE PRÉSENT.... Ployant.
PARTICIPE PASSÉ...... Ployé, ployée, ayant ployé.

Conjuguez de même les verbes suivants : *déployer*,
reployer, *employer*, *tutoyer*, *noyer*, *nettoyer*,
aboyer, *côtoyer*, *coudoyer*, *fourvoyer*, *broyer*,
envoyer et *renvoyer*, en observant que ces deux

---

(1) L'*y* se change en *i* au singulier de l'impératif, comme
à la première personne du présent de l'indicatif.

(2) L'*y* se change en *i* au subjonctif, dans les trois personnes du singulier et dans la troisième personne plurielle.

(3) La première et la seconde personne plurielle du
présent du subjonctif sont semblables aux deux mêmes
personnes de l'imparfait de l'indicatif, comme je l'ai déjà
dit au verbe *oublier*.

derniers font au *futur* et au *conditionnel* j'ENVERRAI, j'ENVERRAIS; je RENVERRAI, je RENVERRAIS. Conjuguez encore de même les verbes *payer, essayer, frayer, effrayer, rayer, balayer* (1), *appuyer, essuyer, ressuyer, ennuyer, désennuyer,* etc.

VIᵉ.

Quelques Verbes de la première conjugaison ont deux ÉE *de suite à l'infinitif, deux* ÉÉ *accentués au participe masculin, et par conséquent trois* ÉÉE, *dont les deux premiers accentués et le dernier muet, au participe féminin. Ces Verbes se conjuguent comme* créer.

CRÉER, *Modèle.*

INDICATIF.

PRÉSENT.

Je crée, tu crées, il crée,
Nous créons, vous créez, ils créent.

IMPARFAIT.

Je créais, tu créais, il créait,
Nous créions, vous créiez, ils créaient.

PARFAIT DÉFINI.

Je créai, tu créas, il créa,
Nous créâmes, vous créâtes, ils créèrent.

PARFAIT INDÉFINI. . . . . J'ai créé.
PARFAIT ANTÉRIEUR. . . . . J'eus créé.
PLUS-QUE-PARFAIT. . . . . J'avais créé.

---

(1) Les verbes en AYER sont les seuls dans lesquels on peut conserver l'y partout où le changement de l'y en *i* a été indiqué, excepté au futur et au présent du conditionnel; encore vaut-il mieux suivre la conjugaison du verbe *ployer.*

FUTUR.

Je créerai, tu créeras, il créera,
Nous créerons, vous créerez, ils créeront.
FUTUR ANTÉRIEUR. . . . . J'aurai créé.

CONDITIONNEL.

PRÉSENT *ou* FUTUR.

Je créerais, tu créerais, il créerait,
Nous créerions, vous créeriez, ils créeraient.
PASSÉ. . . . . J'aurais *ou* j'eusse créé.

IMPÉRATIF.

Crée, créons, créez.

SUBJONCTIF.

PRÉSENT *ou* FUTUR.

Que je crée, que tu crées, qu'il crée,
Que nous créions, que vous créiez, qu'ils créent.

IMPARFAIT.

Que je créasse, que tu créasses, qu'il créât,
Que nous créassions, que vous créassiez, qu'ils créassent.
PARFAIT. . . . . Que j'aie créé.
PLUS-QUE-PARFAIT. . . . . Que j'eusse créé.

INFINITIF.

PRÉSENT. . . . . Créer.
PARFAIT. . . . . Avoir créé.
PARTICIPE PRÉSENT. . . . . Créant.
PARTICIPE PASSÉ. . . . . Créé, créée, ayant créé.

Conjuguez de même les verbes suivants : *agréer, ragréer, récréer, suppléer.*

· VIIᵉ.

Quelques Verbes ont tantôt deux ll *ou deux* tt, *et tantôt une seule* l *ou un seul* t, *suivant que la prononciation l'exige ; le redoublement a lieu toutes les fois que la lettre l ou la lettre t se trouve suivie d'un E muet.*

APPELER, *Modèle.*

INDICATIF.

PRÉSENT.

J'appelle, tu appelles, il appelle,
Nous appelons, vous appelez, ils appellent.

IMPARFAIT.

J'appelais, tu appelais, il appelait,
Nous appelions, vous appeliez, ils appelaient.

PARFAIT DÉFINI.

J'appelai, tu appelas, il appela,
Nous appelâmes, vous appelâtes, ils appelèrent.

PARFAIT INDÉFINI. . . . . J'ai appelé.
PARFAIT ANTÉRIEUR. . . . . . . J'eus appelé.
PLUS-QUE-PARFAIT. . . . . J'avais appelé.

FUTUR.

J'appellerai, tu appelleras, il appellera,
Nous appellerons, vous appellerez, ils appelleront.

FUTUR ANTÉRIEUR. . . . . J'aurai appelé.

CONDITIONNEL.

PRÉSENT *ou* FUTUR.

J'appellerais, tu appellerais, il appellerait,
Nous appellerions, vous appelleriez, ils appelleraient.

PASSÉ. . . . . J'aurais *ou* j'eusse appelé.

IMPÉRATIF.

Appelle, appelons, appelez.

SUBJONCTIF.

PRÉSENT *ou* FUTUR.

Que j'appelle, que tu appelles, qu'il appelle,
Que nous appelions, que vous appeliez, qu'ils appellent.

Que j'appelasse, que tu appelasses, qu'il appelât,
Que nous appelassions, que vous appelassiez, qu'ils
appelassent.
PARFAIT. . . . . Que j'aie appelé.
PLUS-QUE-PARFAIT. . . . . . . Que j'eusse appelé.

INFINITIF.

PRÉSENT. . . . . Appeler.
PARFAIT. . . . . Avoir appelé.
PARTICIPE PRÉSENT. . . . . . . Appelant.
PARTICIPE PASSÉ. . . . . Appelé, appelée, ayant ap-
pelé.

Conjuguez de même les verbes suivants : *rappeler*, *renouveler*, *chanceler*, *carreler*, *étinceler*, *atteler*, *dételer;* et *jeter*, *rejeter*, *projeter*, *surjeter*, *cacheter*, *décacheter*, *fureter*, en observant de doubler la lettre *l* ou la lettre *t*, partout où la lettre *l* est doublée dans le verbe *appeler*.

VIIIᵉ.

Verbes qui ont un E *muet à l'avant-dernière syllabe de l'infinitif,* comme mener, promener, achever, *etc.*

Ces verbes ne doublent jamais la consonne devant l'*e* muet; mais on met un accent grave sur l'*e* partout où la lettre *l* est doublée dans le verbe *appeler*.

MENER , *Modèle.*

INDICATIF.

PRÉSENT.

Je *mène*, tu *mènes*, il *mène*,
Nous menons, vous menez, ils *mènent*.

CONJUG.   4

IMPARFAIT.

Je menais, tu menais, il menait,
Nous menions, vous meniez, ils menaient.

PARFAIT DÉFINI.

Je menai, tu menas, il mena,
Nous menâmes, vous menâtes, ils menèrent.

PARFAIT INDÉFINI. . . . . J'ai mené.
PARFAIT ANTÉRIEUR. . . . . . . J'eus mené.
PLUS-QUE-PARFAIT. . . . . J'avais mené.

FUTUR.

Je mènerai, tu mèneras, il mènera,
Nous mènerons, vous mènerez, ils mèneront.

FUTUR ANTÉRIEUR. . . . . . . J'aurai mené.

CONDITIONNEL.

PRÉSENT ou FUTUR.

Je mènerais, tu mènerais, il mènerait,
Nous mènerions, vous mèneriez, ils mèneraient.

PASSÉ . . . . J'aurais ou j'eusse mené.

IMPÉRATIF.

Mène, menons, menez.

SUBJONCTIF.

PRÉSENT ou FUTUR.

Que je mène, que tu mènes, qu'il mène,
Que nous menions, que vous meniez, qu'ils mènent.

IMPARFAIT.

Que je menasse, que tu menasses, qu'il menât,
Que nous menassions, que vous menassiez, qu'ils menassent.

PARFAIT. . . . . Que j'aie mené.
PLUS-QUE-PARFAIT. . . . . . . Que j'eusse mené.

INFINITIF.

PRÉSENT. . . . . Mener.
PARFAIT. . . . . Avoir mené.
PARTICIPE PRÉSENT. . . . . . . Menant.
PARTICIPE PASSÉ. . . . . Mené, menée, ayant mené.

Conjuguez de même les verbes suivants : *amener*, *ramener*, *emmener*, *promener*, *lever*, *enlever*, *soulever*, *achever*, *crever*, *dépecer*, *celer*, *déceler*, *receler*, *peser*, *modeler*, *geler*, etc.

IXᵉ.

Verbes qui ont l'accent aigu sur l'É à l'avant-dernière syllabe de l'infinitif.

Ces verbes conservent l'accent aigu partout où il n'y a qu'une *l* dans le verbe *appeler;* mais on met l'accent grave sur le même è partout où il y a deux *ll* dans le verbe *appeler*.

CÉDER , *Modèle.*

INDICATIF.

PRÉSENT.

Je *cède*, tu *cèdes*, il *cède*,
Nous cédons, vous cédez, ils *cèdent*.

IMPARFAIT.

Je cédais, tu cédais, il cédait,
Nous cédions, vous cédiez, ils cédaient.

PARFAIT DÉFINI.

Je cédai, tu cédas, il céda,
Nous cédâmes, vous cédâtes, ils cédèrent.
PARFAIT INDÉFINI. . . . . . . J'ai cédé.
PARFAIT ANTÉRIEUR. . . . . . . J'eus cédé.
PLUS-QUE-PARFAIT. . . . . . . J'avais cédé.

FUTUR.

Je *cèderai*, tu *cèderas*, il *cèdera*,
Nous *cèderons*, vous *cèderez*, ils *cèderont*.
FUTUR ANTÉRIEUR. . . . . J'aurai cédé.

CONDITIONNEL.

PRÉSENT.

Je cèderais, tu cèderais, il cèderait,
Nous cèderions, vous cèderiez, ils cèderaient.
PASSÉ. . . . . J'aurais *ou* j'eusse cédé.

IMPÉRATIF.

Cède, cédons, cédez.

SUBJONCTIF.

PRÉSENT.

Que je cède, que tu cèdes, qu'il cède,
Que nous cédions, que vous cédiez, qu'ils cèdent.

IMPARFAIT.

Que je cédasse, que tu cédasses, qu'il cédât,
Que nous cédassions, que vous cédassiez, qu'ils cédassent.
PARFAIT. . . . . Que j'aie cédé.
PLUS-QUE-PARFAIT. . . . . Que j'eusse cédé.

INFINITIF.

PRÉSENT. . . . . Céder.
PARFAIT. . . . . Avoir cédé.
PARTICIPE PRÉSENT. . . . . Cédant.
PARTICIPE PASSÉ. . . . . Cédé, cédée, ayant cédé.

Conjuguez de même les verbes suivants : *recéder,
procéder, concéder, décéder, succéder, pécher,
alléguer, régner,* etc.

Xᵉ.

ALLER, *verbe neutre irrégulier.*

Il se conjugue dans ses temps composés avec le
verbe auxiliaire ÊTRE.

Ce verbe signifie se mouvoir, se transporter d'un
lieu à un autre. Il serait difficile d'embrasser dans

une définition juste toutes les significations que notre langue lui prête : c'est un des verbes qu'elle met le plus en usage.

Conjugaison du verbe ALLER.

INDICATIF.

PRÉSENT.

Je vais *ou* je vas (1), tu vas, il *ou* elle va,
Nous allons, vous allez, ils *ou* elles vont.

IMPARFAIT.

J'allais, tu allais, il *ou* elle allait,
Nous allions, vous alliez, ils *ou* elles allaient.

PARFAIT DÉFINI.

J'allai, tu allas, il *ou* elle alla,
Nous allâmes, vous allâtes, ils *ou* elles allèrent.

Autrement.

Je fus, tu fus, il *ou* elle fut,
Nous fûmes, vous fûtes, ils *ou* elles furent.

(*Ce dernier est emprunté du verbe* ÊTRE , *et n'est guère en usage que dans la conversation.*)

PARFAIT INDÉFINI.

Je suis allé, tu es allé, il est allé,
Nous sommes allés, vous êtes allés, ils sont allés (2).

Autrement.

J'ai été, tu as été, il a été,
Nous avons été, vous avez été, ils ont été.

(*Ce dernier est encore emprunté du verbe* ÊTRE.

---

(1) **Je** *vas* est moins en usage que je *vais* : il n'y a que la conversation et la poésie qui souffrent je *vas*.

(2) Au féminin, *je suis allée, tu es allée, elle est allée, nous sommes allées, vous êtes allées, elles sont allées.* La même chose à tous les autres temps composés.

On dit IL EST ALLÉ *chez vous, si la personne dont on parle est encore dehors, et* IL A ÉTÉ *chez vous, si la personne est rentrée.*)

PARFAIT ANTÉRIEUR.

Je fus allé, tu fus allé, il fut allé,
Nous fûmes allés, vous fûtes allés, ils furent allés.

Autrement.

J'eus été, tu eus été, il eut été,
Nous eûmes été, vous eûtes été, ils eurent été.

(*Emprunté du verbe* ÊTRE.)

PLUS-QUE-PARFAIT.

J'étais allé, tu étais allé, il était allé,
Nous étions allés, vous étiez allés, ils étaient allés.

Autrement.

J'avais été, tu avais été, il avait été,
Nous avions été, vous aviez été, ils avaient été.

(*Emprunté du verbe* ÊTRE.)

FUTUR.

J'irai, tu iras, il ira,
Nous irons, vous irez, ils iront.

FUTUR ANTÉRIEUR.

Je serai allé, tu seras allé, il sera allé,
Nous serons allés, vous serez allés, ils seront allés.

Autrement.

J'aurai été, tu auras été, il aura été,
Nous aurons été, vous aurez été, ils auront été.

(*Emprunté du verbe* ÊTRE.)

CONDITIONNEL.

PRÉSENT.

J'irais, tu irais, il irait,
Nous irions, vous iriez, ils iraient.

PASSÉ.

Je serais *ou* je fusse allé, tu serais *ou* tu fusses allé, il serait *ou* il fût allé,

Nous serions *ou* nous fussions allés, vous seriez *ou* vous fussiez allés, ils seraient *ou* ils fussent allés.

Autrement.

J'aurais *ou* j'eusse été, tu aurais *ou* tu eusses été, il aurait *ou* il eût été,

Nous aurions *ou* nous eussions été, vous auriez *ou* vous eussiez été, ils auraient *ou* ils eussent été.

(*Emprunté du verbe* ÊTRE.)

IMPÉRATIF.

Va (1), allons, allez.

SUBJONCTIF.

PRÉSENT.

Que j'aille, que tu ailles, qu'il aille,
Que nous allions, que vous alliez, qu'ils aillent.

IMPARFAIT.

Que j'allasse, que tu allasses, qu'il allât,
Que nous allassions, que vous allassiez, qu'ils allassent.

PARFAIT.

Que je sois allé, que tu sois allé, qu'il soit allé,
Que nous soyons allés, que vous soyez allés, qu'ils soient allés.

Autrement.

Que j'aie été, que tu aies été, qu'il ait été,
Que nous ayons été, que vous ayez été, qu'ils aient été.

(*Emprunté du verbe* ÊTRE.)

---

(1) On écrit généralement VA. Si l'impératif est suivi du pronom Y, il faut écrire *vas-y* ou *va-s-y* ; mais si après le pronom Y il y a un autre verbe, il faut écrire VA sans *s* : *va y voir*, *va y porter du secours*, *va y faire un tour.*

Que je fusse allé, que tu fusses allé, qu'il fût allé,
Que nous fussions allés, que vous fussiez allés, qu'ils
fussent allés.

Autrement.

Que j'eusse été, que tu eusses été, qu'il eût été,
Que nous eussions été, que vous eussiez été, qu'ils
eussent été.

(*Emprunté du verbe* ÊTRE.)

INFINITIF.

PRÉSENT. . . . . Aller.
PARFAIT. . . . . Être allé, *ou* avoir été.
PARTICIPE PRÉSENT. . . . . . . Allant.
PARTICIPE PASSÉ. . . . . Allé, allée, étant allé, *ou*
 ayant été.

REMARQUE. Il faut toujours préférer les temps
du verbe *aller* à ceux qui sont empruntés du verbe
être, à moins qu'en employant les temps du verbe
être pour ceux du verbe *aller*, le sens de la phrase
ne soit plus clair ; ce qui ne peut jamais être
nécessaire qu'à la troisième personne.

XIᵉ.

Conjugaison du verbe S'EN ALLER.

Ce verbe se conjugue comme *aller*, dans les
temps simples : dans les temps composés, le mot
EN se place avant l'auxiliaire *être*, *je m'EN suis
allé*, et non *je me suis EN allé*.

INDICATIF.

PRÉSENT.

Je m'en vais, tu t'en vas, il s'en va,
Nous nous en allons, vous vous en allez, ils s'en vont.

IMPARFAIT.

Je m'en allais, tu t'en allais, il s'en allait,
Nous nous en allions, vous vous en alliez, ils s'en
allaient.

PARFAIT DÉFINI.

Je m'en allai, tu t'en allas, il s'en alla,
Nous nous en allâmes, vous vous en allâtes, ils s'en
allèrent.

PARFAIT INDÉFINI.

Je m'en suis allé, tu t'en es allé, il s'en est allé,
Nous nous en sommes allés, vous vous en êtes allés, ils
s'en sont allés (1).

PARFAIT ANTÉRIEUR.

Je m'en fus allé, tu t'en fus allé, il s'en fut allé,
Nous nous en fûmes allés, vous vous en fûtes allés, ils s'en
furent allés.

PLUS-QUE-PARFAIT.

Je m'en étais allé, tu t'en étais allé, il s'en était allé,
Nous nous en étions allés, vous vous en étiez allés, ils s'en
étaient allés.

FUTUR.

Je m'en irai, tu t'en iras, il s'en ira,
Nous nous en irons, vous vous en irez, ils s'en iront.

FUTUR ANTÉRIEUR.

Je m'en serai allé, tu t'en seras allé, il s'en sera allé,
Nous nous en serons allés, vous vous en serez allés, ils s'en
seront allés.

CONDITIONNEL.

PRÉSENT.

Je m'en irais, tu t'en irais, il s'en irait,
Nous nous en irions, vous vous en iriez, ils s'en iraient.

PASSÉ.

Je m'en serais *ou* je m'en fusse allé, tu t'en serais *ou* tu
t'en fusses allé, il s'en serait *ou* il s'en fût allé.

---

(1) Au féminin, un *e* muet dans tous les temps composés : *allée, allées.*

4*

Nous nous en serions *ou* nous nous en fussions allés, vous vous en seriez *ou* vous vous en fussiez allés, ils s'en seraient *ou* ils s'en fussent allés.

IMPÉRATIF.

Va-t'en (1), allons-nous-en, allez-vous-en.

SUBJONCTIF.

PRÉSENT.

Que je m'en aille, que tu t'en ailles, qu'il s'en aille,
Que nous nous en allions, que vous vous en alliez, qu'ils s'en aillent.

IMPARFAIT.

Que je m'en allasse, que tu t'en allasses, qu'il s'en allât,
Que nous nous en allassions, que vous vous en allassiez, qu'ils s'en allassent.

PARFAIT.

Que je m'en sois allé, que tu t'en sois allé, qu'il s'en soit allé,
Que nous nous en soyons allés, que vous vous en soyez allés, qu'ils s'en soient allés.

PLUS-QUE-PARFAIT.

Que je m'en fusse allé, que tu t'en fusses allé, qu'il s'en fût allé,
Que nous nous en fussions allés, que vous vous en fussiez allés, qu'ils s'en fussent allés.

INFINITIF.

PRÉSENT. . . . . S'en aller.
PARFAIT. . . . . S'en être allé.
PARTICIPE PRÉSENT. . . . . . . S'en allant.
PARTICIPE PASSÉ. . . . . Allé, allée, s'en étant allé.

---

(1) N'écrivez jamais VA-T-EN, en plaçant le *t* entre deux traits d'union, comme on écrit VA-T-IL : il faut le pronom TE, dont on retranche l'*e*. La meilleure preuve qu'on puisse en donner, c'est qu'en parlant à quelqu'un qu'on ne tutoie point, on dit : ALLEZ-VOUS-EN ; et puisque dans ce cas on emploie le pronom *vous*, dans l'autre on doit employer le pronom *te*.

CHAPITRE II.

Verbes irréguliers de la seconde conjugaison.

Ier. BÉNIR, *verbe actif.*

Il se conjugue comme FINIR. La seule irrégularité de ce verbe est qu'il a deux participes : BÉNI, BÉNIE, et BÉNIT, BÉNITE. *Bénit, bénite*, est consacré aux choses saintes, et doit être considéré, dans l'usage actuel, comme un pur adjectif : *du pain* BÉNIT, *de l'eau* BÉNITE ; *un cierge* BÉNIT, *une chandelle* BÉNITE.

L'autre participe, *béni, bénie*, a toutes les autres significations de son verbe : *les ames* BÉNIES *de Dieu sont toujours heureuses, un peuple* BÉNI *de Dieu, ceux qui assistent les pauvres sont* BÉNIS *de Dieu.*

Conjuguez ce verbe comme *finir*, mais en employant, dans les temps composés, le participe *béni.*

IIe. HAÏR, *verbe actif (l'*H *est aspirée).*

Ce verbe n'a d'irrégularité que dans la prononciation. Il est de deux syllabes à l'infinitif, et s'écrit avec un tréma sur l'*i*. Il retient la même prononciation et la même orthographe dans tous les temps, excepté dans les trois personnes singulières du présent de l'indicatif, et dans la seconde personne singulière de l'impératif, où il n'est que d'une seule syllabe, et où il s'écrit sans tréma.

INDICATIF. présent. Je hais, tu hais, il hait (1), nous haïssons, vous haïssez, ils haïssent. — imparfait. Je haïssais, tu haïssais, il haïssait, nous haïssions, vous haïssiez, ils haïssaient. — parfait défini. Je haïs, tu haïs, il haït, nous haïmes, vous haïtes, ils haïrent. — parfait indéfini. J'ai haï. — parfait antérieur. J'eus haï. — plus-que-parfait. J'avais haï. — futur. Je haïrai, tu haïras, il haïra, nous haïrons, vous haïrez, ils haïront. — futur antérieur. J'aurai haï. — CONDITIONNEL. présent. Je haïrais, tu haïrais, il haïrait, nous haïrions, vous haïriez, ils haïraient. — passé. J'aurais *ou* j'eusse haï. — IMPÉRATIF. Hais (2), haïssons, haïssez. — SUBJONCTIF. présent. Que je haïsse, que tu haïsses, qu'il haïsse, que nous haïssions, que vous haïssiez, qu'ils haïssent. — imparfait. Que je haïsse, que tu haïsses, qu'il haït, que nous haïssions, que vous haïssiez, qu'ils haïssent. — parfait. Que j'aie haï. — plus-que-parfait. Que j'eusse haï. — INFINITIF. présent. Haïr. — parfait. Avoir haï. — participe présent. Haïssant. — participe passé. Haï, haïe, ayant haï.

IIIᵉ. FLEURIR, *verbe neutre*.

Ce verbe est régulier dans le sens propre, c'est-à-dire quand il signifie pousser de la fleur, et il se conjugue comme *finir*; mais dans le sens figuré, c'est-à-dire en parlant des sciences et des arts, il fait à l'imparfait de l'indicatif, florissait, et au participe présent, florissant. *Alors la poésie et l'éloquence* florissaient; *cet empire* florissait.

IVᵉ. SENTIR, *verbe actif*.

INDICATIF. présent. Je sens, tu sens, il sent, nous sentons, vous sentez, ils sentent. — imparfait. Je sentais, nous sentions. — parfait défini. Je sentis, nous sentîmes. — parfait indéfini. J'ai senti. — parfait antérieur. J'eus

---

(1) Prononcez je *hès*, tu *hès*, il *hèt*.
(2) Prononcez *hès*.

senti. — PLUS-QUE-PARFAIT. J'avais senti. — FUTUR. Je sentirai, nous sentirons. — FUTUR ANTÉRIEUR. J'aurai senti. — CONDITIONNEL. PRÉSENT. Je sentirais, nous sentirions. — PASSÉ. J'aurais ou j'eusse senti. — IMPÉRATIF. Sens, sentons, sentez. — SUBJONCTIF. PRÉSENT. Que je sente, que tu sentes, qu'il sente, que nous sentions, que vous sentiez, qu'ils sentent. — IMPARFAIT. Que je sentisse, que tu sentisses, qu'il sentît, que nous sentissions, que vous sentissiez, qu'ils sentissent. — PARFAIT. Que j'aie senti. — PLUS-QUE-PARFAIT. — Que j'eusse senti. — INFINITIF. PRÉSENT. Sentir. — PARFAIT. Avoir senti. — PARTICIPE PRÉSENT. Sentant. — PARTICIPE PASSÉ. Senti, sentie, ayant senti.

Conjuguez de même les verbes *ressentir*, *consentir*, *pressentir*, *mentir*, *démentir*.

V°. BOUILLIR, *verbe neutre*.

INDICATIF. PRÉSENT. Je bous, tu bous, il bout, nous bouillons, vous bouillez, ils bouillent. — IMPARFAIT. Je bouillais, tu bouillais, il bouillait, nous bouillions, vous bouilliez, ils bouillaient. — PARFAIT DÉFINI. Je bouillis, nous bouillîmes. — PARFAIT INDÉFINI. J'ai bouilli. — PARFAIT ANTÉRIEUR. J'eus bouilli. — PLUS-QUE-PARFAIT. J'avais bouilli. — FUTUR. Je bouillirai. — FUTUR ANTÉRIEUR. J'aurai bouilli. — CONDITIONNEL. PRÉSENT. Je bouillirais, nous bouillirions. — PASSÉ. J'aurais ou j'eusse bouilli. — IMPÉRATIF. Bous, bouillons, bouillez. — SUBJONCTIF. PRÉSENT. Que je bouille, que tu bouilles, qu'il bouille, que nous bouillions, que vous bouilliez, qu'ils bouillent. — IMPARFAIT. Que je bouillisse, que tu bouillisses, qu'il bouillît, que nous bouillissions, que vous bouillissiez, qu'ils bouillissent. — PARFAIT. Que j'aie bouilli. — PLUS-QUE-PARFAIT. Que j'eusse bouilli. — INFINITIF. PRÉSENT. Bouillir. — PARFAIT. Avoir bouilli. — PARTICIPE PRÉSENT. Bouillant. — PARTICIPE PASSÉ. Bouilli, bouillie, ayant bouilli.

Ce verbe est plus en usage à l'infinitif qu'à tous les autres temps, mais en y ajoutant le verbe *faire* : FAIRE BOUILLIR *du lait*, FAIRE BOUILLIR *de l'eau*, etc.

Son participe peut devenir adjectif, quoique participe d'un verbe neutre qui se conjugue avec *avoir* :

du bœuf BOUILLI, *de la viande* BOUILLIE, *des châtaignes* BOUILLIES.

VIᵉ. COURIR, *verbe actif et neutre.*

INDICATIF. PRÉSENT. Je cours, tu cours, il court, nous courons, vous courez, ils courent. — IMPARFAIT. Je courais, nous courions. — PARFAIT DÉFINI. Je courus, nous courûmes. — PARFAIT INDÉFINI. J'ai couru. — PARFAIT ANTÉRIEUR. J'eus couru. — PLUS-QUE-PARFAIT. — J'avais couru. — FUTUR. Je *courrai,* tu *courras,* il *courra,* nous *courrons,* vous *courrez,* ils *courront.* — FUTUR ANTÉRIEUR. J'aurai couru. — CONDITIONNEL. PRÉSENT. Je *courrais,* tu *courrais,* il *courrait,* nous *courrions,* vous *courriez,* ils *courraient.* — PASSÉ. J'aurais ou j'eusse couru. — IMPÉRATIF. Cours, courons, courez. — SUBJONCTIF. PRÉSENT. Que je coure, que tu coures, qu'il coure, que nous courions, que vous couriez, qu'ils courent. — IMPARFAIT. Que je courusse, que tu courusses, qu'il courût, que nous courussions, que vous courussiez, qu'ils courussent. — PARFAIT. Que j'aie couru. — PLUS-QUE-PARFAIT. Que j'eusse couru. — INFINITIF. PRÉSENT. Courir. — PARFAIT. Avoir couru. — PARTICIPE PRÉSENT. Courant. — PARTICIPE PASSÉ. Couru, courue, ayant couru.

Conjuguez de même les verbes *accourir, concourir, discourir, encourir, parcourir, recourir, secourir.*

REMARQUE. *Accourir* se conjugue comme *courir;* mais il reçoit indifféremment l'un ou l'autre *auxiliaire :* on dit également j'AI *accouru,* je SUIS *accouru.*

VIIe. FAILLIR, *verbe neutre irrégulier et défectif.*

INDICATIF. PRÉSENT. Je faux, tu faux, il faut, nous faillons, vous faillez, ils faillent. — *Hors d'usage à l'imparfait.* — PARFAIT DÉFINI. Je faillis, tu faillis, il faillit, nous faillîmes, vous faillîtes, ils faillirent. — PARFAIT INDÉFINI. J'ai failli. — PARFAIT ANTÉRIEUR. J'eus failli. — PLUS-QUE-PARFAIT. J'avais failli. — FUTUR. *Peu en usage.* Je faudrai, nous faudrons. — FUTUR ANTÉRIEUR. *Quand* j'aurai failli. — CONDITIONNEL. *Hors d'usage au présent.* — PASSÉ. J'aurais *ou* j'eusse failli. — IMPÉRATIF. Faux, faillons, faillez. — SUBJONCTIF. PRÉSENT. Que je faille, que tu failles, qu'il faille, que nous faillions, que vous failliez, qu'ils faillent. — IMPARFAIT. Que je faillisse, que tu faillisses, qu'il faillît, que nous faillissions, que vous faillissiez, qu'ils faillissent. — PARFAIT. Que j'aie failli. — PLUS-QUE-PARFAIT. Que j'eusse failli. — INFINITIF. Faillir. — Avoir failli. — Faillant. — Failli, ayant failli.

REMARQUE. La plupart des temps simples de ce verbe sont hors d'usage ; mais il est en usage à tous ses temps composés.

VIIIe. FUIR, *verbe actif et neutre.*

INDICATIF. PRÉSENT. Je fuis, tu fuis, il fuit, nous fuyons, vous fuyez, ils fuient. — IMPARFAIT. Je fuyais, tu fuyais, il fuyait, nous *fuyions*, vous *fuyiez* (1), ils fuyaient. — PARFAIT DÉFINI. Je fuis, tu fuis, il fuit, nous fuîmes, vous fuîtes, ils fuirent. — PARFAIT INDÉFINI. J'ai fui. — PARFAIT ANTÉRIEUR. J'eus fui. — PLUS-QUE-PARFAIT. J'avais fui. — FUTUR. Je fuirai, nous fuirons. — FUTUR ANTÉRIEUR. J'aurai fui. — CONDITIONNEL. PRÉSENT. Je fuirais, nous fuirions. — PASSÉ. J'aurais *ou* j'eusse fui. — IMPÉRATIF. Fuis, fuyons, fuyez. — SUBJONCTIF.

(1) On doit savoir qu'à l'imparfait il faut un *i* de plus qu'au présent : c'est pourquoi ce temps a un *y* et un *i*. Nous *fuyions*, vous *fuyiez*.

PRÉSENT. Que je fuie, que tu fuies, qu'il fuie, que nous *fuyions*, que vous *fuyiez* (1), qu'ils fuient. — IMPARFAIT. Que je fuisse, que tu fuisses, qu'il fuît, que nous fuissions, que vous fuissiez, qu'ils fuissent. — PARFAIT. Que j'aie fui. — PLUS-QUE-PARFAIT. Que j'eusse fui. — INFINITIF. Fuir. — Avoir fui. — Fuyant. — Fui, fuie, ayant fui.

Conjuguez de même le verbe *s'enfuir.*

IX.º MOURIR, *verbe neutre.*

Il prend l'auxiliaire ÊTRE *dans ses temps composés.*

INDICATIF. PRÉSENT. Je meurs, tu meurs, il meurt, nous mourons, vous mourez, ils meurent. — IMPARFAIT. Je mourais, tu mourais, il mourait, nous mourions, vous mouriez, ils mouraient. — PARFAIT DÉFINI. Je mourus, tu mourus, il mourut, nous mourûmes, vous mourûtes, ils moururent. — PARFAIT INDÉFINI. Je suis mort, tu es mort, il est mort, nous sommes morts, vous êtes morts, ils sont morts. — PARFAIT ANTÉRIEUR. Je fus mort, nous fûmes morts. — PLUS-QUE-PARFAIT. J'étais mort, nous étions morts. — FUTUR. Je mourrai, tu mourras, il mourra, nous mourrons, vous mourrez, ils mourront. — FUTUR ANTÉRIEUR. Je serai mort, nous serons morts. — CONDITIONNEL. PRÉSENT. Je mourrais, tu mourrais, il mourrait, nous mourrions, vous mourriez, ils mourraient. — PASSÉ. Je serais *ou* je fusse mort, nous serions *ou* nous fussions morts. — IMPÉRATIF. Meurs, mourons, mourez. — SUBJONCTIF. PRÉSENT. Que je meure, que tu meures, qu'il meure, que nous mourions, que vous mouriez, qu'ils meurent. — IMPARFAIT. Que je mourusse, que tu mourusses, qu'il mourût, que nous mourussions, que vous mourussiez, qu'ils mourussent. — PARFAIT. Que je sois mort, que nous soyons morts. — PLUS-QUE-PARFAIT. Que je fusse mort, que nous fussions morts. — INFINITIF. Mourir. — Être mort ou

(1) Les deux premières personnes plurielles du présent du subjonctif sont semblables aux deux mêmes personne de l'imparfait de l'indicatif.

morte. — Mourant. — Mort, morte, étant mort *ou* étant morte.

X^e. ACQUÉRIR, *verbe actif.*

INDICATIF. présent. J'acquiers, tu acquiers, il acquiert, nous acquérons, vous acquérez, ils acquièrent. — imparfait. J'acquérais, tu acquérais, il acquérait, nous acquérions, vous acquériez, ils acquéraient. — parfait défini. J'acquis, tu acquis, il acquit, nous acquîmes, vous acquîtes, ils acquirent. — parfait indéfini. J'ai acquis. — parfait antérieur. J'eus acquis. — plus-que-parfait. J'avais acquis. — futur. J'acquerrai, tu acquerras, il acquerra, nous acquerrons, vous acquerrez, ils acquerront. — futur antérieur. J'aurai acquis. — CONDITIONNEL. présent. J'acquerrais, tu acquerrais, il acquerrait, nous acquerrions, vous acquerriez, ils acquerraient. — passé. J'aurais *ou* j'eusse acquis. — IMPÉRATIF. Acquiers, acquérons, acquérez. — SUBJONCTIF. présent. Que j'acquière, que tu acquières, qu'il acquière, que nous acquérions, que vous acquériez, qu'ils acquièrent. — imparfait. Que j'acquisse, que tu acquisses, qu'il acquît, que nous acquissions, que vous acquissiez, qu'ils acquissent. — parfait. Que j'aie acquis. — plus-que-parfait. Que j'eusse acquis. — INFINITIF. Acquérir. — Avoir acquis. — Acquérant. — Acquis, acquise, ayant acquis.

Conjuguez de même les verbes *conquérir, enquérir, requérir, reconquérir.* Enquérir se conjugue avec le pronom réfléchi : *S'enquérir, je m'enquiers,* etc. Il signifie s'informer, faire recherche.

XIe. OUÏR, *verbe actif défectif.*

INDICATIF. présent. J'*ois,* tu *ois,* il *oit,* nous *oyons,* vous *oyez,* ils *oient;* mais ce temps, ni l'imparfait, j'*oyais,* ni le futur, j'*oirai,* ne sont plus d'usage, non plus que les temps qui en sont formés. On ne se sert maintenant de ce verbe qu'au parfait défini, j'*ouïs,* à l'imparfait du subjonctif, que j'*ouïsse,* à l'infinitif ; et dans tous les temps formés du participe *ouï* et du verbe *avoir* : j'ai ouï, nous avons

ouï, j'eusse ouï, nous eussions ouï ; j'avais ouï, nous avions
ouï, etc.

Un savetier chantait du matin jusqu'au soir :
C'était merveille de le voir,
Merveille de l'OUÏR, etc.

La Fontaine.

Il ne faut jamais dire aux gens,
Écoutez un bon mot, OYEZ une merveille.

Le même.

XIIe. QUERIR, *verbe actif.*

Il signifie proprement chercher avec charge
d'amener celui qu'on nous envoie chercher, ou
d'apporter la chose dont il est question ; mais il
n'est d'usage qu'à l'infinitif, et avec les verbes
aller, venir, envoyer. Allez me QUERIR *un tel.*
Il est allé me QUERIR *quelque chose. Je l'ai envoyé*
QUERIR. *Il m'est venu* QUERIR.

XIIIe. VÊTIR, *verbe actif.*

INDICATIF. PRÉSENT. Je vêts, tu vêts, il vêt, nous
vêtons, vous vêtez, ils vêtent. (*Le singulier de ce temps*
n'est guère d'usage.) — IMPARFAIT. Je vêtais. — PARFAIT
DÉFINI. Je vêtis, nous vêtîmes. — J'ai vêtu. — J'eus vêtu.
J'avais vêtu. — Je vêtirai. — J'aurai vêtu. — CONDI-
TIONNEL. Je vêtirais, j'aurais *ou* j'eusse vêtu. — IMPÉ-
RATIF. Vêts, vêtons, vêtez. (*Ce mode est peu d'usage.*)
— SUBJONCTIF. Que je vête, que tu vêtes, qu'il vête,
que nous vêtions, que vous vêtiez, qu'ils vêtent. — Que
je vêtisse, que tu vêtisses, qu'il vêtît, que nous vêtissions,
que vous vêtissiez, qu'ils vêtissent. — Que j'aie vêtu. —

Que j'eusse vêtu. — INFINITIF. Vêtir. — Avoir vêtu. —
Vêtant. — Vêtu, vêtue, ayant vêtu.

Conjuguez de même les verbes *dévêtir*, *revêtir*
et *survêtir*.

XIVᵉ. SORTIR, *verbe actif et neutre.*

SORTIR, neutre, signifie
passer du dedans au dehors.
Dans ce cas il prend l'auxiliaire ÊTRE.

SORTIR, actif, signifie obtenir, avoir. Il n'est d'usage
qu'en termes de Palais, et
seulement en quelques uns de
ses temps. Il se conjugue avec
AVOIR.

INDICATIF.

PRÉSENT.

Neutre (1).

Je sors, tu sors, il sort, nous
sortons, vous sortez, ils
sortent.

Actif (2).

Je sortis, tu sortis, il sortit,
nous sortissons, vous sortissez, ils sortissent.

IMPARFAIT.

Je sortais, tu sortais, il sor-
tait, nous sortions, vous
sortiez, ils sortaient.

Je sortissais, tu sortissais, il
sortissait, nous sortissions,
vous sortissiez, ils sortis-
saient.

PARFAIT DÉFINI.

Je sortis, tu sortis, il sortit,
nous sortîmes, vous sor-
tîtes, ils sortirent.

Je sortis, tu sortis, il sortit,
nous sortîmes, vous sor-
tîtes, ils sortirent.

PARFAIT INDÉFINI.

Je suis sorti,
Nous sommes sortis.

J'ai sorti,
Nous avons sorti.

(1) Il se conjugue comme *sentir*, dans les temps simples.
(2) Il se conjugue comme *finir*.

Neutre.   *Actif.*

PARFAIT ANTÉRIEUR.

Quand   **Quand**

Je fus sorti,   J'eus sorti,
Nous fûmes sortis.   Nous eûmes sorti.

PLUS-QUE-PARFAIT.

J'étais sorti,   J'avais sorti,
Nous étions sortis.   Nous avions sorti.

FUTUR.

Je sortirai, etc.   Je sortirai, etc.

FUTUR ANTÉRIEUR.

Quand   **Quand**

Je serai sorti,   J'aurai sorti,
Nous serons sortis.   Nous aurons sorti.

CONDITIONNEL.

PRÉSENT.

Je sortirais, etc.   Je sortirais, etc.

PASSÉ.

Je serais *ou* je fusse sorti.   J'aurais *ou* j'eusse sorti.

IMPÉRATIF.

Sors, sortons, sortez.   Sortis, sortissons, sortissez.

SUBJONCTIF.

PRÉSENT.

Il faut que je sorte, que tu sortes, qu'il sorte, que nous sortions, que vous sortiez, qu'ils sortent.

Il faut que je sortisse, que tu sortisses, qu'il sortisse, que nous sortissions, que vous sortissiez, qu'ils sortissent.

IMPARFAIT.

Il fallait que je sortisse, que tu sortisses, qu'il sortît, que nous sortissions, que vous sortissiez, qu'ils sortissent.

Il fallait que je sortisse, que tu sortisses, qu'il sortît, que nous sortissions, que vous sortissiez, qu'ils sortissent.

Neutre.	Actif.

PARFAIT.

Que je sois sorti,
Que nous soyons sortis.

Que j'aie sorti,
Que nous ayons sorti.

PLUS-QUE-PARFAIT.

Que je fusse sorti,
Que nous fussions sortis.

Que j'eusse sorti,
Que nous eussions sorti.

INFINITIF.

PRÉSENT.

Sortir.

Sortir.

PARFAIT.

Être sorti.

Avoir sorti.

PARTICIPE PRÉSENT.

Sortant.

Sortissant.

PARTICIPE PASSÉ.

Sorti, sortie, étant sorti.

Sorti, sortie, ayant sorti.

Conjuguez de même le verbe neutre *ressortir*, qui signifie *sortir de nouveau*.

Conjuguez de même les verbes *assortir*, mettre plusieurs choses ensemble, en sorte qu'elles se conviennent; *désassortir*, ôter ou déplacer quelqu'une des choses qui avaient été assorties; et *ressortir*, verbe neutre, qui signifie être du ressort, de la dépendance de quelque juridiction.

XVe. DORMIR, *verbe neutre.*

Il prend l'auxiliaire AVOIR.

INDICATIF. Je dors (1), tu dors, il dort, nous dormons, vous dormez, ils dorment. — Je dormais, nous dormions. — Je dormis, nous dormîmes. — J'ai dormi. —

(1) Je ne crois pas nécessaire d'énoncer les différents temps de chaque mode; on est censé les connaître parfaitement.

J'eus dormi. — J'avais dormi. — Je dormirai, nous dormirons. — J'aurai dormi. — CONDITIONNEL. Je dormirais, nous dormirions. — J'aurais *ou* j'eusse dormi. — IMPÉRATIF. Dors, dormons, dormez. — SUBJONCTIF. Que je dorme. — Que je dormisse. — Que j'aie dormi. — Que j'eusse dormi. — INFINITIF. Dormir. — Avoir dormi. — Dormant. — Dormi, ayant dormi.

Endormir, verbe actif, se conjugue de même.

XVIe. PARTIR, *verbe neutre*.

Il se conjugue comme SORTIR, *et prend de même l'auxiliaire* ÊTRE.

INDICATIF. Je pars, tu pars, il part, nous partons, vous partez, ils partent. — Je partais. — Je partis. — Je suis parti. — Je fus parti. — J'étais parti. — Je partirai. — Je serais parti. — CONDITIONNEL. Je partirais. — Je serais *ou* je fusse parti. — IMPÉRATIF. Pars, partons, partez. — SUBJONCTIF. Que je parte. — Que je partisse. — Que je sois parti. — Que je fusse parti. — INFINITIF. Partir. — Être parti. — Partant. — Parti, partie, étant parti.

XVIIe. REPARTIR, verbe neutre, partir de nouveau; il se conjugue absolument comme *partir*, dans tous ses temps.

XVIIIe. REPARTIR, verbe actif; il signifie *répliquer*, *répondre sur-le-champ*; il se conjugue comme *partir*, dans ses temps simples, et comme *finir*, dans ses temps composés.

XIXe. RÉPARTIR, *verbe actif*.

Il signifie *partager*, *distribuer*. Il se conjugue dans tous ses temps comme *finir*.

Je répartis, nous répartissons; je répartissais, nous répartissions; j'ai réparti, nous avons réparti. (Voyez *finir*.)

XXe. OUVRIR, *verbe actif.*

INDICATIF. J'ouvre (1), tu ouvres, il ouvre, nous ouvrons, vous ouvrez, ils ouvrent. — J'ouvrais, nous ouvrions. — J'ouvris, nous ouvrîmes. — J'ai ouvert. — J'eus ouvert. — J'avais ouvert. — J'ouvrirai. — J'aurai ouvert. — **CONDITIONNEL.** J'ouvrirais, nous ouvririons. — J'aurais *ou* j'eusse ouvert. — **IMPÉRATIF.** Ouvre, ouvrons, ouvrez. — **SUBJONCTIF.** Que j'ouvre, que tu ouvres, qu'il ouvre, que nous ouvrions, que vous ouvriez, qu'ils ouvrent. — Que j'ouvrisse, que tu ouvrisses, qu'il ouvrît, que nous ouvrissions, que vous ouvrissiez, qu'ils ouvrissent. — Que j'aie ouvert. — Que j'eusse ouvert. — **INFINITIF.** Ouvrir. — Avoir ouvert. — Ouvrant. — Ouvert, ouverte, ayant ouvert.

Conjuguez de même les verbes *ouvrir, découvrir, entr'ouvrir, recouvrir, rouvrir, souffrir, offrir.*

XXIe. CUEILLIR, *verbe actif.*

INDICATIF. Je cueille (2), tu cueilles, il cueille, nous cueillons, vous cueillez, ils cueillent. — Je cueillais, nous cueillions, vous cueilliez. — Je cueillis, nous cueillîmes. — J'ai cueilli. — J'eus cueilli. — J'avais cueilli. — Je cueillerai. — J'aurai cueilli. — **CONDITIONNEL.** Je cueillerais, nous cueillerions. — J'aurais *ou* j'eusse cueilli. — **IMPÉRATIF.** Cueille, cueillons, cueillez. — **SUBJONCTIF.** Que je cueille, que tu cueilles, qu'il cueille, que nous cueillions, que vous cueilliez, qu'ils cueillent. — Que je cueillisse, que tu cueillisses, qu'il cueillît, que nous cueillissions, que vous cueillissiez, qu'ils cueillissent. — Que j'aie cueilli. — Que j'eusse cueilli. — **INFINITIF.** Cueillir. — Avoir cueilli. — Cueillant. — Cueilli, cueillie, ayant cueilli.

---

(1) Ce verbe a, au présent de l'indicatif, la même finale que les verbes de la première conjugaison.

(2) Ce verbe a aussi, au présent de l'indicatif, la même finale que les verbes de la première conjugaison.

Conjuguez de même les verbes *accueillir*, *recueillir*, *se recueillir*.

XXIIe. SAILLIR, verbe neutre, jaillir avec impétuosité, et par secousses. Il ne se dit que des choses liquides, et, en ce sens, il se conjugue comme *finir* : *Je saillis, tu saillis, il saillit, nous saillissons, vous saillissez, ils saillissent.* — *Je saillissais.* — *J'ai sailli.* — *Je saillirai.* — *Je saillirais*, etc. Mais ce verbe n'est d'usage qu'aux troisièmes personnes du singulier et du pluriel.

XXIIIe. SAILLIR, verbe neutre, terme d'architecture. Il se dit d'un balcon, d'une corniche, et d'autres ornements d'architecture qui débordent le nu du mur. En ce sens, on le conjugue ainsi : *Je saille, tu sailles, il saille*, etc.; mais il n'est d'usage qu'à la troisième personne de certains temps, et à l'infinitif. Ce *balcon* SAILLE *trop.* Cette *corniche* SAILLERA *trop.* SAILLERAIT *trop.* SAILLANT est plutôt adjectif que participe présent.

XXIVe. ASSAILLIR, *verbe actif.*

Ce verbe signifie attaquer vivement.

INDICATIF. J'assaille, tu assailles, il assaille, nous assaillons, vous assaillez, ils assaillent. — J'assaillais, nous assaillions. — J'assaillis, nous assaillîmes. — J'ai assailli. — J'eus assailli. — J'avais assailli. — J'assaillerai, nous assaillerons. — J'aurai assailli. — CONDITIONNEL. J'assaillerais, nous assaillerions. — J'aurais *ou* j'eusse assailli. — IMPÉRATIF. Assaille, assaillons, assaillez. — SUBJONCTIF. Que j'assaille, que tu assailles, qu'il assaille, que nous assaillions, que vous assailliez, qu'ils assaillent. — Que j'assaillisse, que tu assaillisses, qu'il assaillît, que nous assaillissions, que vous assaillissiez, qu'ils assaillissent. — Que j'aie assailli. — Que j'eusse assailli. — INFINITIF. Assaillir. — Avoir assailli. — Assaillant. — Assailli, assaillie, ayant assailli.

Le verbe neutre *tressaillir* se conjugue de même.

Au présent de l'indicatif, on écrit généralement : *Je tressaille, tu tressailles, il tressaille, nous tressaillons, vous tressaillez, ils tressaillent.* Cependant quelques personnes écrivent : *Je tressaillis, tu tressaillis, il tressaillit,* etc.

On me dit qu'il y a une lettre, je TRESSAILLE ; *je la demande agité d'une mortelle impatience ; je la reçois enfin.* J.-J. ROUSSEAU.

Un jeune animal, tranquille habitant des forêts, qui tout-à-coup entend le son éclatant d'un cor ou le bruit subit et nouveau d'une arme à feu, TRESSAILLIT, *bondit et fuit par la seule violence de la secousse qu'il vient d'éprouver.* BUFFON.

XXV. JAILLIR, *verbe neutre.*

Il signifie *saillir,* sortir avec impétuosité. Il ne se dit au sens propre que de l'eau, ou de quelque autre chose de fluide ; et par conséquent il n'est d'usage qu'aux troisièmes personnes.

Il jaillit. — Il jaillissait. — Il jaillit. — Il a jailli. — Il eut jailli. — Il avait jailli. — Il jaillira. — Il jaillirait. — Il aurait ou il eût jailli. — Qu'il jaillisse. — Qu'il jaillît. — Qu'il ait jailli. — Qu'il eût jailli.

— Le verbe neutre *rejaillir* se conjugue de même.

XXVI. TENIR, *verbe actif.*

INDICATIF. Je tiens, tu tiens, il tient, nous tenons, vous tenez, ils tiennent. — Je tenais, nous tenions. — Je tins, tu tins, il tint, nous tînmes, vous tîntes, ils tinrent. — J'ai tenu. — J'eus tenu. — J'avais tenu. — Je tiendrai, nous tiendrons. — J'aurai tenu. — CONDITIONNEL. Je tiendrais, nous tiendrions. — J'aurais ou j'eusse tenu. —

IMPÉRATIF. Tiens, tenons, tenez.—SUBJONCTIF. Que je tienne, que tu tiennes, qu'il tienne, que nous tenions, que vous teniez, qu'ils tiennent. — Que je tinsse, que tu tinsses, qu'il tînt, que nous tinssions, que vous tinssiez, qu'ils tinssent. — Que j'aie tenu. — Que j'eusse tenu. — INFINITIF. Tenir. — Avoir tenu. — Tenant. — Tenu, tenue, ayant tenu.

Il faut conjuguer de même les verbes *s'abstenir, appartenir, contenir, détenir, entretenir, maintenir, obtenir, retenir, soutenir.*

XXVIIᵉ. VENIR, *verbe neutre.*

Il prend l'auxiliaire ÊTRE.

INDICATIF. Je viens, tu viens, il vient, nous venons, vous venez, ils viennent. — Je venais, nous venions. — Je vins, tu vins, il vint, nous vînmes, vous vîntes, ils vinrent. — Je suis venu, nous sommes venus. — Je fus venu, nous fûmes venus. — J'étais venu, nous étions venus. — Je viendrai, nous viendrons. — Je serai venu, nous serons venus. — CONDITIONNEL. Je viendrais, nous viendrions. — Je serais *ou* je fusse venu, nous serions *ou* nous fussions venus. — IMPÉRATIF. Viens, venons, venez. — SUBJONCTIF. Que je vienne, que tu viennes, qu'il vienne, que nous venions, que vous veniez, qu'ils viennent. — Que je vinsse, que tu vinsses, qu'il vînt, que nous vinssions, que vous vinssiez, qu'ils vinssent. — Que je sois venu, que nous soyons venus. — Que je fusse venu, que nous fussions venus. — INFINITIF. Venir. — Être venu. — Venant. — Venu, venue, étant venu.

Il faut conjuguer de même les verbes *devenir, disconvenir, intervenir, parvenir, redevenir, revenir,* avec l'auxiliaire ÊTRE dans les temps composés.

Mais *circonvenir,* actif, *prévenir,* actif, et *subvenir,* neutre, prennent l'auxiliaire AVOIR.

Contrevenir prend indifféremment *avoir* ou *être.* *Convenir* prend *être* quand il signifie *demeurer d'accord ;* mais il prend *avoir* quand il signifie *être convenable : cette maison nous* A CONVENU , *et nous* SOMMES CONVENUS *de l'acheter.*

CHAPITRE III.

Verbes irréguliers de la troisiè meconjugaison.

Ier. CHOIR , *verbe neutre.*

Il ne se dit qu'à l'infinitif, et au participe *chu.* Il signifie tomber, être porté de haut en bas par son propre poids, ou par impulsion. *Prenez garde de vous laisser* CHOIR. *On lui donna un coup qui le fit* CHOIR. Le participe *chu* prend l'auxiliaire *être.*

> Un astrologue un jour se laissa CHOIR
> Au fond d'un puits.
>
> LA FONTAINE.

IIe. DÉCHOIR , *verbe neutre.*

Il signifie tomber dans un état moins bon que celui où l'on était.

INDICATIF. Je déchois, tu déchois, il déchoit, nous déchoyons, vous déchoyez, ils déchoient. — (*Point d'imparfait.*) — Je déchus, tu déchus, il déchut, nous déchûmes, vous déchûtes, ils déchurent. — Je suis déchu. — Je fus déchu. — J'étais déchu. — Je décherrai. — Je serais déchu. — CONDITIONNEL. Je décherrais. — Je serais ou je fusse déchu. — (*Hors d'usage à l'impératif.*) — SUBJONTIF. Que je déchoie, que tu déchoies, qu'il déchoie, que nous déchoyions, que vous déchoyiez, qu'ils déchoient. — Que je déchusse, qu'il déchût. — Que je sois

déchu. — Que je fusse déchu. — INFINITIF. Déchoir.—
Être déchu. — (*Point de participe présent.*) — Participe
passé. Déchu, déchue, étant déchu.

L'âge la fit DÉCHOIR ; adieu tous les amants.

La. Fontaine.

IIIe. ÉCHOIR, *verbe neutre.*

Il se dit ordinairement des choses qui arrivent
par sort ou par cas fortuit.

Au présent de l'indicatif, il n'est d'usage qu'aux
troisièmes personnes.

INDICATIF. Il échoit *ou* échet, ils échéent. — (*Point
d'imparfait.*) — J'échus, il échut. — Il est échu. — Il fut
échu. — Il était échu. — Il écherra, ils écherront. — Il
sera échu. — CONDITIONNEL. — Il écherrait, ils
écherraient. — Il serait *ou* il fût échu. — (*Hors d'usage à
l'impératif.*) — SUBJONCTIF. Qu'il échée, qu'ils échéent.
— Que j'échusse, qu'il échût. — Que je sois échu, qu'il
soit échu. — Qu'il fût échu. — INFINITIF. Échoir. —
Être échu. — Échéant. — Échu, échue, étant échu.

Ce verbe est très en usage dans les phrases sui-
vantes : *Le premier terme* ÉCHOIT *dans un mois. Le
premier paiement doit* ÉCHOIR *après-demain. Ce
billet est* ÉCHU. *Cette lettre de change est* ÉCHUE.

La seconde, par droit, me doit ÉCHOIR encor.

Le second terme ÉCHU, l'autre lui redemande
Sa maison, sa chambre, son lit.

Voici pourtant un cas où tout l'honneur ÉCHUT
A l'hôte des terriers.

La Fontaine.

IVᵉ. MOUVOIR, *verbe actif.*

Il signifié remuer, faire aller d'un lieu à un autre, faire changer de place, mettre en mouvement.

INDICATIF. Je meus, tu meus, il meut, nous mouvons, vous mouvez, ils meuvent. — Je mouvais, nous mouvions. — Je mus, tu mus, il mut, nous mûmes, vous mûtes, ils murent. — J'ai mu. — J'eus mu. — J'avais mu. — Je mouvrai. — J'aurai mu. — CONDITIONNEL. Je mouvrais, nous mouvrions. — J'aurais *ou* j'eusse mu. — IMPÉRATIF. Meus, mouvons, mouvez. — SUBJONCTIF. Que je meuve, que tu meuves, qu'il meuve, que nous mouvions, que vous mouviez, qu'ils meuvent. — Que je musse, que tu musses, qu'il mût, que nous mussions, que vous mussiez, qu'ils mussent. — Que j'aie mu. — Que j'eusse mu. — INFINITIF. Mouvoir. — Avoir mu. — Mouvant. — Mu, mue, ayant mu.

Conjuguez de même *émouvoir*, *se mouvoir*, *s'émouvoir.*

Vᵉ. PLEUVOIR, *verbe impersonnel.*

Il pleut. — Il pleuvait. — Il plut. — Il a plu. — *Quand* il eut plu. — Il avait plu. — Il pleuvra. — *Quand* il aura plu. — Il pleuvrait. — Il aurait *ou* il eût plu. — (*Point d'impératif.*) — Qu'il pleuve. — Qu'il plût. — Qu'il ait plu. — Qu'il eût plu. — Pleuvoir. — Plu.

VIᵉ. POUVOIR, *verbe neutre.*

INDICATIF. Je puis *ou* je peux (*ce dernier est moins en usage*), tu peux, il peut, nous pouvons, vous pouvez, ils peuvent. — Je pouvais, nous pouvions. — Je pus, tu pus, il put, nous pûmes, vous pûtes, ils purent. — J'ai pu. — J'eus pu. — J'avais pu. — Je pourrai, tu pourras, il pourra, nous pourrons, vous pourrez, ils pourront. — J'aurai pu. — CONDITIONNEL. Je pourrais, tu pourrais, il pourrait, nous pourrions, vous pourriez, ils pourraient.

— (*Hors d'usage à l'impératif*(1) — SUBJONCTIF. Que je puisse, que tu puisses, qu'il puisse, que nous puissions, que vous puissiez, qu'ils puissent. — Que je pusse, que tu pusses, qu'il pût, que nous pussions, que vous pussiez, qu'ils pussent. — Que j'aie pu. — Que j'eusse pu. — INFINITIF. Pouvoir. — Avoir pu. — Pouvant. — Pu, ayant pu.

VIIᵉ. SAVOIR, *verbe actif.*

INDICATIF. Je sais, tu sais, il sait, nous savons, vous savez, ils savent. — Je savais, nous savions. — Je sus, tu sus, il sut, nous sûmes, vous sûtes, ils surent. — J'ai su. — J'eus su. — J'avais su. — Je saurai. — J'aurai su. — CONDITIONNEL. Je saurais, nous saurions. — J'aurais *ou* j'eusse su. — IMPÉRATIF. Sache, sachons, sachez. — SUBJONCTIF. Que je sache, que tu saches, qu'il sache, que nous sachions, que vous sachiez, qu'ils sachent. — Que je susse, que tu susses, qu'il sût, que nous sussions, que vous sussiez, qu'ils sussent. — Que j'aie su. — Que j'eusse su. — INFINITIF. Savoir. — Avoir su. — Sachant. — Su, sue, ayant su.

VIIIᵉ. SEOIR, *verbe neutre.*

Il signifie être convenable à la personne, à la condition, au lieu, etc. Dans ce sens, il est sans *participe passé*, et par conséquent sans temps composés. Il ne s'emploie qu'aux troisièmes per-

(1) M. Gueroult dit que *pouvoir*, qui fait au présent de l'indicatif *je puis* ou *je peux*, fait à l'impératif *puisses-tu, puissiez-vous.* Je ne crois pas du tout que ces locutions, *puisses-tu, puissiez-vous,* soient des impératifs; ce sont des phrases elliptiques qui signifient *je souhaite que tu puisses, je souhaite que vous puissiez* : ce qui prouve que *puisses-tu* et *puissiez-vous* sont au subjonctif et non à l'impératif. Une autre preuve, c'est que l'impératif n'a point de première personne au singulier, et que *puisses-tu* a pour première personne *puissé-je.*

sonnes de quelques temps : *Il sied.* — *Ils siéent.* — *Il seyait.* — *Il siéra.* — *Il siérait.* — *Il faut voir si cela vous* SIED *ou ne vous* SIED *pas. Cela vous* SIED *à merveille. Les couleurs trop voyantes ne vous* SIÉRONT *pas. La coiffure que cette dame portait lui* SEYAIT *mal.*

On l'emploie aussi impersonnellement. *Il vous* SIED *bien de reprendre les autres. Il* SIED *mal à un homme en place d'être léger dans ses discours.*

Il y a des personnes à qui les défauts SIÉENT, *et d'autres qui sont disgraciées par leurs bonnes qualités.* LA ROCHEFOUCAULD.

SEOIR, signifie aussi *être assis*, *être situé*. Dans ce sens, il n'est plus en usage qu'à ses participes, *séant* et *sis*, qu'on emploie adjectivement. *Le roi* SÉANT *en son lit de justice; la cour de justice* SÉANTE *à Paris; une maison* SISE *rue Saint-Honoré.*

IX\ e. ASSEOIR, *verbe actif.*

Il signifie mettre dans un siége, ou poser sur un piédestal, etc.

Il se conjugue comme le verbe réfléchi *s'asseoir*, dont je donne la conjugaison ci-après. (*Voyez ce verbe.*)

X\ e. S'ASSEOIR, *verbe réfléchi.*

INDICATIF. PRÉSENT. Je m'assieds, tu t'assieds, il *ou* elle s'assied, nous nous asseyons, vous vous asseyez, ils *ou* elles s'asseient. — IMPARFAIT. Je m'asseyais, tu t'asseyais, il *ou* elle s'asseyait, nous nous *asseyions*, vous vous *asseyiez*, ils *ou* elles s'asseyaient. — PARFAIT DÉFINI. Je m'assis, tu t'assis, il *ou* elle s'assit, nous nous assîmes, vous vous assîtes, ils *ou* elles s'assirent. — PARFAIT INDÉFINI. Je me suis *assis*, nous nous sommes *assis*, pour le masculin ; je me suis *assise*, nous nous sommes *assises*, pour le féminin. → PARFAIT ANTÉRIEUR. *Quand* je me fus assis. — PLUS-QUE-PARFAIT. Je m'étais assis. — FUTUR. Je m'assiérai (1), tu t'assiéras, il *ou* elle s'assiéra, nous nous assiérons, vous vous assiérez, ils *ou* elles s'assiéront. — FUTUR ANTÉRIEUR. *Quand* je me serai assis. — CONDITIONNEL. Je m'assiérais, tu t'assiérais, il *ou* elle s'assiérait, nous nous assiérions, vous vous assiériez, ils *ou* elles s'assiéraient. — Je me serais *ou* je me fusse assis. — IMPÉRATIF. Assieds-toi, asseyons-nous, asseyez-vous. — SUBJONCTIF. PRÉSENT. Que je m'asseie, que tu t'asseies, qu'il s'asseie, que nous nous asseyions, que vous vous asseyiez, qu'ils s'asseient. — IMPARFAIT. Que je m'assisse, que tu t'assisses, qu'il s'assît, que nous nous assissions, que vous vous assissiez, qu'ils s'assissent. — PARFAIT. Que je me sois assis. — PLUS-QUE-PARFAIT. Que je me fusse assis. — INFINITIF. PRÉSENT. S'asseoir. — PARFAIT. S'être assis. — PARTICIPE PRÉSENT. S'asseyant. — PARTICIPE PASSÉ. Assis, *pour le masculin ;* assise, *pour le féminin ;* s'étant assis *ou* s'étant assise.

Conjuguez de même les verbes *asseoir, rasseoir,* et *se rasseoir.*

XIe. SURSEOIR , *verbe neutre.*

Il signifie suspendre, remettre, différer. Il ne se dit que des affaires , des procédures.

Je sursois, tu sursois, il sursoit, nous sursoyons, vous sursoyez, ils sursoient. — Je sursoyais. — Je sursis. — Je surseoirai. — Je surseoirais. — Que je sursoie, que nous sursoyions. — Que je sursisse. — PARTICIPE. Sursoyant, sursis, sursise.

SURSIS, participe de *surseoir,* se prend quelquefois substantivement en terme de Palais, et signifie *délai :* ordonner un SURSIS ; *obtenir un* SURSIS.

---

(1) Ce verbe fait encore au futur et au conditionnel, *je m'asseirai, je m'asseirais ;* mais le premier est le plus en usage.

XIIᵉ. VALOIR, *verbe neutre et actif.*

INDICATIF. Je vaux, tu vaux, il vaut, nous valons, vous valez, ils valent. — Je valais, nous valions. — Je valus, nous valûmes. — J'ai valu. — J'eus valu. — J'avais valu. — Je vaudrai, nous vaudrons. — J'aurai valu. — **CONDITIONNEL.** Je vaudrais, nous vaudrions. — J'aurais *ou* j'eusse valu. — **IMPÉRATIF.** Vaux, valons, valez. (*L'impératif de ce verbe est peu en usage.*) — **SUBJONCTIF.** Que je vaille, que tu vailles, qu'il vaille, que nous valions, que vous valiez, qu'ils vaillent. — Que je valusse, que tu valusses, qu'il valût, que nous valussions, que vous valussiez, qu'ils valussent. — Que j'aie valu. — Que j'eusse valu. — **INFINITIF.** Valoir. — Avoir valu. — Valant. — Valu, value, ayant valu.

Conjuguez de même le verbe *prévaloir;* mais celui-ci fait au présent du subjonctif, que je *prévale*, que tu *prévales*, qu'il *prévale*, que nous *prévalions*, que vous *prévaliez*, qu'ils *prévalent*.

XIIIᵉ. VOIR, *verbe actif.*

INDICATIF. Je vois, tu vois, il voit, nous voyons, vous voyez, ils voient. — Je voyais, tu voyais, il voyait, nous *voyions*, vous *voyiez*, ils voyaient. — Je vis, tu vis, il vit, nous vîmes, vous vîtes, ils virent. — J'ai vu. — J'eus vu. — J'avais vu. — Je verrai, tu *verras*, il *verra*, nous *verrons*, vous *verrez*, ils *verront*. — J'aurai vu. — **CONDITIONNEL.** Je *verrais*, nous *verrions*. — J'aurais *ou* j'eusse vu. — **IMPÉRATIF.** Vois, voyons, voyez. — **SUBJONCTIF.** Que je voie, que tu voies, qu'il voie, que nous *voyions*, que vous *voyiez*, qu'ils voient. — Que je visse, que tu visses, qu'il vît, que nous vissions, que vous vissiez, qu'ils vissent. — Que j'aie vu. — Que j'eusse vu. — **INFINITIF.** Voir. — Avoir vu. — Voyant. — Vu, vue, ayant vu.

Conjuguez de même les verbes *revoir* et *entrevoir. Prévoir* se conjugue comme *voir*, excepté au futur et au conditionnel, où il fait, je *prévoirai*, tu *prévoiras*, il *prévoira*, nous *prévoirons*, vous *prévoirez*, ils *prévoiront*. — Je *prévoirais*, nous *prévoirions*.

Pourvoir se conjugue aussi comme *voir*, excepté dans les temps suivants :

1° PARFAIT DÉFINI. Je pourvus, tu pourvus, il pourvut, nous pourvûmes, vous pourvûtes, ils pourvurent.

2° FUTUR. Je pourvoirai, tu pourvoiras, il pourvoira, nous pourvoirons, vous pourvoirez, ils pourvoiront.

3° CONDITIONNEL, PRÉSENT. Je pourvoirais, tu pourvoirais, il pourvoirait, nous pourvoirions, vous pourvoiriez, ils pourvoiraient.

4° SUBJONCTIF, IMPARFAIT. Que je pourvusse, que tu pourvusses, qu'il pourvût, que nous pourvussions, que vous pourvussiez, qu'ils pourvussent.

XIVe. VOULOIR, *verbe actif*.

INDICATIF. Je veux, tu veux, il veut, nous voulons, vous voulez, ils veulent. — Je voulais, nous voulions. — Je voulus, nous voulûmes. — J'ai voulu. — J'eus voulu. — J'avais voulu. — Je voudrai, nous voudrons. — J'aurai voulu. — CONDITIONNEL. Je voudrais, nous voudrions. — J'aurais *ou* j'eusse voulu. — IMPÉRATIF. Veuille, veuillez. — SUBJONCTIF. Que je veuille, que tu veuilles, qu'il veuille, que nous voulions, que vous vouliez, qu'ils veuillent. — Que je voulusse, que tu voulusses, qu'il voulût, que nous voulussions, que vous voulussiez, qu'ils voulussent. — Que j'aie voulu. — Que j'eusse voulu. — INFINITIF. Vouloir. — Avoir voulu. — Voulant. — Voulu ; voulue, ayant voulu.

CHAPITRE IV.

Verbes irréguliers de la quatrième conju-gaison.

Iᵉʳ. PLAIRE, *verbe neutre.*

INDICATIF. Je plais, tu plais, il plaît, nous plaisons, vous plaisez, ils plaisent. — Je plaisais, nous plaisions. — Je plus, nous plûmes. — J'ai plu. — J'eus plu. — J'avais plu. — Je plairai. — J'aurai plu. — CONDITIONNEL. Je plairais, nous plairions. — J'aurais *ou* j'eusse plu. — IM-PÉRATIF. Plais, plaisons, plaisez. — SUBJONCTIF. Que je plaise, que tu plaises, qu'il plaise, que nous plaisions, que vous plaisiez, qu'ils plaisent. — Que je plusse, que tu plusses, qu'il plût, que nous plussions, que vous plussiez, qu'ils plussent. — Que j'aie plu. — Que j'eusse plu. — INFINITIF. Plaire. — Avoir plu. — Plaisant. — Plu, ayant plu.

Complaire et *déplaire* se conjuguent de même.

IIᵉ. BRAIRE, *verbe neutre.*

Il ne s'emploie guère qu'à l'infinitif, aux troi-sièmes personnes du présent de l'indicatif, *il brait, ils braient;* et aux troisièmes personnes du futur et du conditionnel, *il braira, ils brairont; il brairait, ils brairaient.* Les autres temps sont peu d'usage. Il ne se dit que pour signifier le cri de l'âne. *Le propre de l'âne est de* BRAIRE.

IIIᵉ. FAIRE, *verbe actif.*

INDICATIF. Je fais, tu fais, il fait, nous faisons (1), vous *faites*, ils font. — Je faisais (2), tu faisais, il faisait, nous faisions, vous faisiez, ils faisaient. — Je fis, tu fis, il fit, nous fîmes, vous fîtes, ils firent. — J'ai fait. — J'eus fait. — J'avais fait. — Je ferai, nous ferons. — J'aurai fait. — CONDITIONNEL. Je ferais, nous ferions. — J'aurais *ou* j'eusse fait. — IMPÉRATIF. Fais, faisons (3), *faites.* — SUBJONCTIF. Que je fasse, que tu fasses, qu'il fasse, que nous fassions, que vous fassiez, qu'ils fassent. — Que je fisse, que tu fisses, qu'il fît, que nous fissions, que vous fissiez, qu'ils fissent. — Que j'aie fait. — Que j'eusse fait. — INFINITIF. Faire. — Avoir fait. — Faisant (4). — Fait, faite, ayant fait.

Conjuguez de même les verbes *contrefaire*, *défaire*, *forfaire*, *méfaire*, *refaire*, *surfaire*, *satisfaire.*

Forfaire et *méfaire* sont peu en usage.

IVᵉ. TRAIRE, *verbe actif défectif.*

INDICATIF. Je trais, tu trais, il trait, nous trayons, vous trayez, ils traient. — Je trayais, tu trayais, il trayait, nous *trayions*, vous *trayiez*, ils trayaient. — (*Point de parfait défini.*) — J'ai trait. — J'eus trait. — J'avais trait. Je trairai, nous trairons. — J'aurai trait. — CONDITIONNEL. Je trairais, nous trairions. — J'aurais *ou* j'eusse trait. — IMPÉRATIF. Trais, trayons, trayez. — SUBJONCTIF. Que je traie, que tu traies, qu'il traie, que nous *trayions*, que vous *trayiez*, qu'ils traient. — (*Point d'imparfait, parcequ'il n'y a point de parfait défini. Voyez première partie, page 46.*) — Que j'aie trait. — Que j'eusse trait. — INFINITIF. Traire. — Avoir trait. — Trayant. — Trait, traite, ayant trait.

---

(1) Prononcez, nous *fesons.*

(2) Prononcez, je *fesais*, tu *fesais*, il *fesait*; nous *fesions*, vous *fesiez*, ils *fesaient.*

(3) Prononcez *fesons.*

(4) Prononcez *fesant.*

Abstraire, *attraire*, *distraire*, *extraire*, *retraire*, *soustraire*, se conjuguent de même, et sont sans *parfait défini*, et sans *imparfait* au *subjonctif*.

V^e. CONNAÎTRE, *verbe actif*.

INDICATIF. Je connais, tu connais, il connaît, nous connaissons, vous connaissez, ils connaissent. — Je connaissais, nous connaissions. — Je connus, tu connus, il connut, nous connûmes, vous connûtes, ils connurent. — J'ai connu. — J'eus connu. — J'avais connu. — Je connaîtrai, nous connaîtrons. — J'aurai connu. — CONDITIONNEL. Je connaîtrais, nous connaîtrions. — J'aurais ou j'eusse connu. — IMPÉRATIF. Connais, connaissons, connaissez. — SUBJONCTIF. Que je connaisse, que tu connaisses, qu'il connaisse, que nous connaissions, que vous connaissiez, qu'ils connaissent. — Que je connusse, que tu connusses, qu'il connût, que nous connussions, que vous connussiez, qu'ils connussent. — Que j'aie connu. — Que j'eusse connu. — INFINITIF. Connaître. — Avoir connu. — Connaissant. — Connu, connue, ayant connu.

Conjuguez de même les verbes *reconnaître*, *méconnaître*, *paraître*, *apparaître*, *disparaître*, *comparaître*, *reparaître*, *accroître*, *croître*, *décroître* et *recroître*.

Paraître et *reparaître* prennent toujours l'auxiliaire *avoir* dans leurs temps composés; mais *apparaître*, *disparaître*, *comparaître*, *croître*, *décroître*, *accroître*, et *recroître*, prennent indifféremment *avoir* ou *être* dans leurs temps composés.

VIe. NAÎTRE, *verbe neutre*.

Il se conjugue avec le verbe ÊTRE.

INDICATIF. Je nais, tu nais, il naît, nous naissons, vous naissez, ils naissent. — Je naissais, nous naissions.

—Je naquis, tu naquis, il naquit, nous naquîmes, vous naquîtes, ils naquirent. — Je suis né, nous sommes nés. — Je fus né, nous fûmes nés. — J'étais né, nous étions nés. (Au féminin, *née*, *nées*.) —Je naîtrai, nous naîtrons. — Je serai né. — CONDITIONNEL. Je naîtrais, nous naîtrions. — Je serais *ou* je fusse né. — IMPÉRATIF. Nais, naissons, naissez. — SUBJONCTIF. Que je naisse, que tu naisses, qu'il naisse, que nous naissions, que vous naissiez, qu'ils naissent. — Que je naquisse, que tu naquisses, qu'il naquît, que nous naquissions, que vous naquissiez, qu'ils naquissent. — Que je sois né. — Que je fusse né. — INFINITIF. Naître. Être né *ou* née. — Naissant. — Né, née, étant né.

Renaître se conjugue de même.

VIIe. PAÎTRE et REPAÎTRE.

Ces deux verbes sont réguliers, mais défectifs. Ils n'ont ni le *parfait défini*, ni l'*imparfait* du *subjonctif*. Les temps composés ne sont d'usage qu'en termes de fauconnerie : *il a pu et repu.*

Ces verbes sont actifs ou neutres, selon qu'ils sont employés avec ou sans régime.

Je pais, tu pais, il paît, nous paissons, vous paissez, ils paissent. — Il paissait. — Il paîtra. — Il paîtrait. — Qu'il paisse, qu'ils paissent.

Il se dit proprement des bestiaux qui broutent l'herbe, qui la mangent sur la racine.

VIIIe. RÉDUIRE, *verbe actif.*

INDICATIF. Je réduis, tu réduis, il réduit, nous réduisons, vous réduisez, ils réduisent. — Je réduisais, nous réduisions. — Je réduisis, nous réduisîmes — J'ai réduit. — J'eus réduit. — J'avais réduit. — Je réduirai, nous réduirons. — J'aurai réduit. — CONDITIONNEL. Je

réduirais, nous réduirions. — J'aurais *ou* j'eusse réduit. —
IMPÉRATIF. Réduis, réduisons, réduisez. — SUBJONC-
TIF. Que je réduise, que tu réduises, qu'il réduise, que
nous réduisions, que vous réduisiez, qu'ils réduisent. —
Que je réduisisse, que tu réduisisses, qu'il réduisît, que
nous réduisissions, que vous réduisissiez, qu'ils rédui-
sissent. — Que j'aie réduit. — Que j'eusse réduit. —
INFINITIF. Réduire. — Avoir réduit. — Réduisant. —
Réduit, réduite, ayant réduit.

Conjuguez de même les verbes *conduire*, *écon-*
duire, *enduire*, *déduire*, *induire*, *introduire*,
reconduire, *séduire*, *traduire*, *instruire*, *con-*
struire, *produire*, *reproduire*.

IXᵉ. BRUIRE, *verbe neutre.*

Il n'est d'usage qu'à l'infinitif, et aux troisièmes
personnes de l'imparfait de l'indicatif. Dans les
autres temps on dit *faire du bruit. On entend*
BRUIRE *les vagues*, *le vent*, *le tonnerre. Les flots*
BRUYAIENT.

Ce verbe n'a point de participe passé, et par
conséquent point de temps composés. Le participe
présent *bruyant* n'est souvent qu'un adjectif : *flots*
bruyants, *trompettes bruyantes*, *voix bruyantes.*

Xᵉ. CIRCONCIRE, *verbe actif.*

Ce verbe est hors d'usage au participe présent et
à l'imparfait de l'indicatif.

INDICATIF. Je circoncis, tu circoncis, il circoncit,
nous circoncisons, vous circoncisez, ils circoncisent. — Je
circoncis, nous circoncîmes. — Je circoncirai. — Je circon-
cirais. — Que je circoncise. — Que je circoncisse. —
PARTICIPE PASSÉ. Circoncis, circoncise.

XIᵉ. LUIRE, *verbe neutre.*

Il signifie *éclairer*, *jeter* ou *répandre de la lumière.*

INDICATIF. Je luis, tu luis, il luit, nous luisons, vous luisez, ils luisent. — Je luisais, nous luisions. — (*Point de parfait défini.*) — J'ai lui. — J'eus lui. — J'avais lui. — Je luirai. — J'aurai lui. — CONDITIONNEL. Je luirais. — J'aurais *ou* j'eusse lui. — IMPÉRATIF. Luis, luisons, luisez. — SUBJONCTIF. Que je luise, que tu luises, qu'il luise, que nous luisions, que vous luisiez, qu'ils luisent. — (*Point d'imparfait, parcequ'il n'y a point de parfait défini.*) — Que j'aie lui. — Que j'eusse lui. — INFINITIF. Luire. — Avoir lui. — Luisant. — Lui, ayant lui.

Reluire se conjugue de même.

XIIᵉ. NUIRE, *verbe neutre.*

INDICATIF. Je nuis, tu nuis, il nuit, nous nuisons, vous nuisez, ils nuisent. — Je nuisais. — Je nuisis, nous nuisîmes. — J'ai nui. — J'eus nui. — J'avais nui. — Je nuirai. — J'aurai nui. — CONDITIONNEL. Je nuirais. — J'aurais *ou* j'eusse nui. — IMPÉRATIF. Nuis, nuisons, nuisez. — SUBJONCTIF. Que je nuise, que nous nuisions. — Que je nuisisse, que tu nuisisses, qu'il nuisît, que nous nuisissions, que vous nuisissiez, qu'ils nuisissent. — Que j'aie nui. — Que j'eusse nui. — INFINITIF. Nuire. — Avoir nui. — Nuisant. — Nui, ayant nui.

XIIIᵉ. CONFIRE, *verbe actif.*

INDICATIF. Je confis, tu confis, il confit, nous confisons, vous confisez, ils confisent. — Je confisais, nous confisions. — Je confis, nous confîmes. — J'ai confit. — J'eus confit. — J'avais confit. — Je confirai. — J'aurai confit. — CONDITIONNEL. Je confirais, nous confirions. — J'aurais *ou* j'eusse confit. — IMPÉRATIF. Confis, confisons, confisez. — SUBJONCTIF. Que je confise, que nous confisions. — Que je confisse, que tu confisses, qu'il confît, que nous confissions, que vous confissiez, qu'ils confissent. — Que j'aie confit. — Que j'eusse confit. — INFINITIF. Confire. — Avoir confit. — Confisant. — Confit, confite, ayant confit.

XIVe. CROIRE, *verbe actif.*

INDICATIF. Je crois, tu crois, il croit, nous croyons, vous croyez, ils croient. — Je croyais, tu croyais, il croyait, nous *croyions*, vous *croyiez*, ils croyaient. — Je crus, nous crûmes. — J'ai cru. — J'eus cru. — J'avais cru. — Je croirai. — J'aurai cru. — CONDITIONNEL. Je croirais. — J'aurais *ou* j'eusse cru. — IMPÉRATIF. Crois, croyons, croyez. — SUBJONCTIF. Que je croie, que tu croies, qu'il croie, que nous *croyions*, que vous *croyiez*, qu'ils croient. — Que je crusse, que tu crusses, qu'il crût, que nous crussions, que vous crussiez, qu'ils crussent. — Que j'aie cru. — Que j'eusse cru. — INFINITIF. Croire. — Avoir cru. — Croyant. — Cru, crue, ayant cru.

XVe. DIRE, *verbe actif.*

INDICATIF. Je dis, tu dis, il dit, nous disons, vous *dites*, ils disent. — Je disais, nous disions. — Je dis, tu dis, il dit, nous dîmes, vous dîtes, ils dirent. — J'ai dit. — J'eus dit. — J'avais dit. — Je dirai. — J'aurai dit. — CONDITIONNEL. Je dirais, nous dirions. — J'aurais *ou* j'eusse dit. — IMPÉRATIF. Dis, disons, *dites.* — SUBJONCTIF. Que je dise, que nous disions. — Que je disse, que tu disses, qu'il dît, que nous dissions, que vous dissiez, qu'ils dissent. — Que j'aie dit. — Que j'eusse dit. — INFINITIF. Dire. — Avoir dit. — Disant. — Dit, dite, ayant dit.

Redire se conjugue de même ; mais les autres composés, *dédire, contredire, interdire, médire, prédire,* forment régulièrement la seconde personne plurielle du présent de l'indicatif. On dit, vous *dites* et vous *redites;* mais on dit, vous *dédisez,* vous *contredisez,* vous *interdisez,* vous *médisez,* vous *prédisez.* La même chose a lieu pour la seconde personne plurielle de l'impératif. Le reste se conjugue comme *dire.*

XVIe. MAUDIRE, *verbe actif.*

Ce verbe n'est irrégulier que parcequ'il appartient à la quatrième conjugaison. Il se conjugue comme *finir,* excepté au participe passé, où il fait *maudit, maudite.* (Voyez FINIR.)

XVIIe. ÉCRIRE, *verbe actif.*

INDICATIF. J'écris, tu écris, il écrit, nous écrivons, vous écrivez, ils écrivent. — J'écrivais. — J'écrivis, nous écrivîmes. — J'ai écrit. — J'eus écrit. — J'avais écrit. — J'écrirai. — J'aurai écrit. — CONDITIONNEL. J'écrirais. — J'aurais *ou* j'eusse écrit. — IMPÉRATIF. Écris, écrivons, écrivez. — SUBJONCTIF. Que j'écrive, que nous écrivions. — Que j'écrivisse, que tu écrivisses, qu'il écrivît, que nous écrivissions, que vous écrivissiez, qu'ils écrivissent. — Que j'aie écrit. — Que j'eusse écrit. — INFINITIF. Écrire. — Avoir écrit. — Écrivant. — Écrit, écrite, ayant écrit.

Conjuguez de même les verbes *circonscrire, décrire, prescrire, proscrire, récrire, souscrire, transcrire.*

XVIIIe. FRIRE, *verbe actif.*

Ce verbe n'a, à l'infinitif, que le présent, *frire,* et le participe passé *frit;* à l'indicatif, il n'a que les trois personnes singulières du présent, *je fris, tu fris, il frit;* le futur, *je frirai.* Au conditionnel, *je frirais;* à l'impératif, il n'a que la seconde personne du singulier, *fris.* Pour suppléer aux temps qui manquent, on se sert du verbe *faire* et de l'infinitif *frire;* comme, nous *faisons frire,* vous *faites frire,* ils *font frire.* — Je *faisais frire.* — Je *fis frire.* — Que je *fasse frire.* — Que je *fisse frire.* — *Faisant frire.*

Ayant le participe passé, *frit,* il a tous les temps composés : *J'ai frit.* — *J'eus frit.* — *J'avais frit.* — *J'aurai frit.* — *J'aurais frit.* — *Que j'aie frit.* — *Que j'eusse frit.* — *Avoir frit.* — *Ayant frit.*

XIXᵉ. LIRE, *verbe actif.*

INDICATIF. Je lis, tu lis, il lit, nous lisons, vous lisez, ils lisent. — Je lisais, nous lisions. — Je lus, nous lûmes. — J'ai lu. — J'eus lu. — J'avais lu. — Je lirai, nous lirons. — J'aurai lu. — **CONDITIONNEL.** Je lirais, nous lirions. — J'aurais *ou* j'eusse lu. — **IMPÉRATIF.** Lis, lisons, lisez. — **SUBJONCTIF.** Que je lise, que tu lises, qu'il lise, que nous lisions, que vous lisiez, qu'ils lisent. — Que je lusse, que tu lusses, qu'il lût, que nous lussions, que vous lussiez, qu'ils lussent. — Que j'aie lu. — Que j'eusse lu. — **INFINITIF.** — Lire. — Avoir lu. — Lisant. — Lu, lue, ayant lu.

Élire et *relire* se conjuguent de même.

XXᵉ. RIRE, *verbe neutre.*

INDICATIF. Je ris, tu ris, il rit, nous rions, vous riez, ils rient. — Je riais, tu riais, il riait, nous *riions,* vous *riiez,* ils riaient. — Je ris, tu ris, il rit, nous rîmes, vous rîtes, ils rirent. — J'ai ri. — J'eus ri. — J'avais ri. — Je rirai, nous rirons. — J'aurai ri. — **CONDITIONNEL.** Je rirais, nous ririons. — J'aurais *ou* j'eusse ri. — **IMPÉRATIF.** Ris, rions, riez. — **SUBJONCTIF.** — Que je rie, que tu ries, qu'il rie, que nous *riions,* que vous *riiez,* qu'ils rient. — Que je risse, que tu risses, qu'il rît, que nous rissions, que vous rissiez, qu'ils rissent. — Que j'aie ri. — Que j'eusse ri. — INFINITIF. Rire. — Avoir ri. — Riant. — Ri, ayant ri.

Sourire, verbe neutre, se conjugue de même.

XXIe. SUFFIRE, *verbe neutre.*

INDICATIF. Je suffis, tu suffis, il suffit, nous suffisons, vous suffisez, ils suffisent — Je suffisais, nous suffisions. — Je suffis, vous suffîmes. — J'ai suffi. — J'eus suffi. — J'avais suffi. — Je suffirai. — J'aurai suffi. — CONDITIONNEL. Je suffirais, nous suffirions. — J'aurais *ou* j'eusse suffi. — IMPÉRATIF. Suffis, suffisons, suffisez. — SUBJONCTIF. Que je suffise, que nous suffisions. — Que je suffisse, que nous suffissions. — Que j'aie suffi. — Que j'eusse suffi. — INFINITIF. Suffire. — Avoir suffi. — Suffisant. — Suffi, ayant suffi.

XXIIe. BOIRE, *verbe actif.*

INDICATIF. Je bois, tu bois, il boit, nous buvons, vous buvez, ils boivent. — Je buvais, nous buvions. — Je bus, nous bûmes. — J'ai bu. — J'eus bu. — J'avais bu. — Je boirai. — J'aurai bu. — CONDITIONNEL. Je boirais. — J'aurais *ou* j'eusse bu. — IMPÉRATIF. Bois, buvons, buvez. — SUBJONCTIF. Que je boive, que tu boives, qu'il boive, que nous buvions, que vous buviez, qu'ils boivent. — Que je busse, que tu busses, qu'il bût, que nous bussions, que vous bussiez, qu'ils bussent. — Que j'aie bu. — Que j'eusse bu. — INFINITIF. Boire. — Avoir bu. — Buvant. — Bu, bue, ayant bu.

XXIIIe. CLORE, *verbe actif* (1).

INDICATIF. Je clos, tu clos, il clot. (*Point de pluriel au présent de l'indicatif.*) — (*Point d'imparfait.*) — (*Point*

---

(1) On écrit indifféremment *clore* ou *clorre*.

de parfait défini.) — J'ai clos. — J'eus clos. — J'avais clos.
— Je clôrai. — J'aurai clos. — CONDITIONNEL. Je clôrais. — J'aurais ou j'eusse clos. — IMPÉRATIF. Clos.
(Point d'autres personnes à ce mode.) — SUBJONCTIF.
(Point de présent.) — (Point d'imparfait.) — Que j'aie
clos. — Que j'eusse clos. — INFINITIF. Clore. — Avoir
clos. — (Point de participe présent.) — Participe passé.
Clos, close, ayant clos.

Enclore se conjugue de même.

XXIV°. ÉCLORE, *verbe neutre.*

Ce verbe n'est d'usage qu'aux troisièmes personnes des temps suivants :

INDICATIF. Il éclôt, ils éclosent. — (*Point d'imparfait
ni de parfait défini.*) — Il est éclos *ou* elle est éclose, ils
sont éclos *ou* elles sont écloses. — *Quand* il fut éclos *ou* elle
fut éclose. — Il était éclos *ou* elle était éclose. — Il éclôra,
ils éclôront. — Il sera éclos *ou* elle sera éclose. — CONDI
TIONNEL. Il éclôrait, ils éclôraient. — Il serait éclos *ou*
elle serait éclose. — (*Hors d'usage à l'impératif.*) — SUB
JONCTIF. Qu'il éclose, qu'ils éclosent. — (*Point d'imparfait.*) — Qu'il soit éclos, qu'elle soit éclose. — Qu'il
fût éclos, qu'elle fût éclose. — INFINITIF. Éclore. —
Être éclos *ou* éclose. — (*Point de participe présent.*) —
Participe passé. Éclos, éclose, étant éclos.

XXV°. CONCLURE, *verbe actif.*

INDICATIF. Je conclus, tu conclus, il conclut, nous
concluons, vous concluez, ils concluent. — Je concluais,
nous concluïons, vous concluïez. — Je conclus, nous conclûmes. — J'ai conclu. — J'eus conclu. — J'avais conclu. —
Je conclurai. — J'aurai conclu. — CONDITIONNEL. Je
conclurais. — J'aurais *ou* j'eusse conclu. — IMPÉRATIF.
Conclus, concluons, concluez. — SUBJONCTIF. Que je
conclue, que tu conclues, qu'il conclue, que nous concluïons, que vous concluïez, qu'ils concluent. — Que je
conclusse, que nous conclussions. — Que j'aie conclu. —

Que j'eusse conclu. — INFINITIF. Conclure. — Avoir conclu. — Concluant. — Conclu, conclue, ayant conclu.

Exclure se conjugue comme *conclure;* mais il a deux participes passés, *exclu, exclue; exclus, excluse.* On les emploie indifféremment.

XXVIe. PLAINDRE, *verbe actif.*

INDICATIF. Je plains, tu plains, il plaint, nous plaignons, vous plaignez, ils plaignent. — Je plaignais, nous plaignions. — Je plaignis, nous plaignîmes. — J'ai plaint.— J'eus plaint. — J'avais plaint. — Je plaindrai. — J'aurai plaint. — CONDITIONNEL. Je plaindrais, nous plaindrions. — J'aurais *ou* j'eusse plaint. — IMPÉRATIF. Plains, plaignons, plaignez. — SUBJONCTIF. Que je plaigne, que nous plaignions. — Que je plaignisse. — Que j'aie plaint. — Que j'eusse plaint. — INFINITIF. Plaindre. — Avoir plaint. — Plaignant. — Plaint, plainte, ayant plaint.

Conjuguez de même les verbes suivants : *Craindre, contraindre, astreindre, atteindre, ceindre, déteindre, empreindre, enceindre, enfreindre, peindre, dépeindre, repeindre, restreindre, teindre, joindre, conjoindre, rejoindre, disjoindre, déjoindre, enjoindre.*

XXVIIe. ABSOUDRE, *verbe actif.*

INDICATIF. J'absous, tu absous, il absout, nous absolvons, vous absolvez, ils absolvent. — J'absolvais, nous absolvions. — (*Point de parfait défini.*) — J'ai absous. — J'eus absous. — J'avais absous. — J'absoudrai. — J'aurai absous. — CONDITIONNEL. J'absoudrais, nous absoudrions. — J'aurais *ou* j'eusse absous. — IMPÉRATIF. Absous, absolvons, absolvez. — SUBJONCTIF. Que j'absolve, que tu absolves, qu'il absolve, que nous absolvions, que vous absolviez, qu'ils absolvent. — (*Point d'imparfait, parcequ'il n'y a point de parfait défini.*) — Que j'aie absous. — Que j'eusse absous. — INFINITIF. Absoudre. — Avoir absous. — Absolvant. — Absous, absoute, ayant absous.

La plus grande irrégularité de ce verbe est au participe passé, qui fait au masculin *absous*, et au féminin *absoute*; mais il fait aussi au masculin *absout*.

Dissoudre se conjugue de même.

Résoudre se conjugue comme *absoudre*; mais il a le parfait défini, *je résolus*, *nous résolûmes*; et l'imparfait du subjonctif, *que je résolusse*. Il a aussi deux participes passés: *résolu*, quand il signifie *décidé*; et *résous*, quand il signifie *réduit*; mais dans ce dernier sens le participe n'a point de féminin.

XXVIII. COUDRE, *verbe actif.*

INDICATIF. Je couds, tu couds, il coud, nous cousons, vous cousez, ils cousent. — Je cousais, nous cousions. — Je cousis, nous cousîmes. — J'ai cousu. — J'eus cousu. — J'avais cousu. — Je coudrai, nous coudrons. — J'aurai cousu. — CONDITIONNEL. Je coudrais, nous coudrions. — J'aurais ou j'eusse cousu. — IMPÉRATIF. Couds, cousons, cousez. — SUBJONCTIF. Que je couse, que nous cousions. — Que je cousisse, que nous cousissions. — Que j'aie cousu. — Que j'eusse cousu. — INFINITIF. Coudre. — Avoir cousu. — Cousant. — Cousu, cousue, ayant cousu.

Découdre et *recoudre* se conjuguent de même.

XXIX. METTRE, *verbe actif.*

INDICATIF. Je mets, tu mets, il met, nous mettons, vous mettez, ils mettent. — Je mettais, nous mettions. — Je mis, nous mîmes. — J'ai mis. — J'eus mis. — J'avais mis. — Je mettrai, nous mettrons. — J'aurai mis. —

CONDITIONNEL. Je mettrais, nous mettrions.—J'aurais *ou* j'eusse mis. — IMPÉRATIF. Mets, mettons, mettez.— SUBJONCTIF. Que je mette, que tu mettes, qu'il mette, que nous mettions, que vous mettiez, qu'ils mettent. —Que je misse, que nous missions. — Que j'aie mis. — Que j'eusse mis. — INFINITIF. Mettre, — Avoir mis. — Mettant. — Mis, mise, ayant mis.

Conjuguez de même les verbes suivants : *Admettre*, *promettre*, *compromettre*, *soumettre*, *commettre*, *remettre*, *démettre*, *entremettre*, *omettre*, *permettre*, *transmettre*.

XXXe. MOUDRE, *verbe actif.*

INDICATIF. Je mouds, tu mouds, il moud, nous moulons, vous moulez, ils moulent.— Je moulais, nous moulions. — Je moulus, nous moulûmes. — J'ai moulu. — J'eus moulu. — J'avais moulu. — Je moudrai, nous moudrons. — J'aurai moulu. — CONDITIONNEL. Je moudrais, nous moudrions. — J'aurais *ou* j'eusse moulu. — IMPÉRATIF. Mouds, moulons, moulez. — SUBJONCTIF. Que je moule, que nous moulions. — Que je moulusse, que tu moulusses, qu'il moulût, que nous moulussions, que vous moulussiez, qu'ils moulussent. — Que j'aie moulu. — Que j'eusse moulu. — INFINITIF. Moudre. — Avoir moulu. — Moulant. — Moulu, moulue, ayant moulu.

Émoudre et *remoudre* se conjuguent de même.

XXXIe. PRENDRE, *verbe actif.*

INDICATIF. Je prends, tu prends, il prend, nous prenons, vous prenez, ils prennent. — Je prenais, nous prenions. — Je pris, tu pris, il prit, nous prîmes, vous prîtes, ils prirent. — J'ai pris. — J'eus pris. — J'avais pris. — Je prendrai, nous prendrons. — J'aurai pris. — CONDITIONNEL. Je prendrais, nous prendrions. — J'aurais *ou* j'eusse pris. — IMPÉRATIF. Prends, prenons, prenez. — SUBJONCTIF. Que je prenne, que tu prennes, qu'il prenne, que nous prenions, que vous preniez, qu'ils prennent. — Que je prisse, que tu prisses, qu'il prît, que nous prissions, que vous prissiez, qu'ils prissent. — Que j'aie pris. — Que j'eusse pris. — INFINITIF. Prendre. — Avoir pris. — Prenant. — Pris, prise, ayant pris.

Il faut conjuguer de même les verbes suivants : *Reprendre, apprendre, désapprendre, rapprendre, comprendre, entreprendre, se méprendre.*

XXXIIe. ROMPRE, *verbe actif.*

INDICATIF. Je romps, tu romps, il rompt, nous rompons, vous rompez, ils rompent. — Je rompais, nous rompions. — Je rompis, nous rompîmes. — J'ai rompu. — J'eus rompu. — J'avais rompu. — Je romprai, nous romprons. — J'aurai rompu. — CONDITIONNEL. Je romprais, nous romprions. — J'aurais *ou* j'eusse rompu. — IMPÉRATIF. Romps, rompons, rompez. — SUBJONCTIF. Que je rompe, que nous rompions. — Que je rompisse, que nous rompissions. — Que j'aie rompu. — Que j'eusse rompu. — INFINITIF. Rompre. — Avoir rompu. — Rompant. — Rompu, rompue, ayant rompu.

Corrompre et *interrompre* se conjuguent de même.

XXXIIIe. SUIVRE, *verbe actif.*

INDICATIF. Je suis, tu suis, il suit, nous suivons, vous suivez, ils suivent. — Je suivais, nous suivions. — Je suivis, nous suivîmes. — J'ai suivi. — J'eus suivi. — J'avais suivi. — Je suivrai, nous suivrons. — J'aurai suivi. — CONDITIONNEL. Je suivrais, nous suivrions. — J'aurais *ou* j'eusse suivi. — IMPÉRATIF. Suis, suivons, suivez. — SUBJONCTIF. Que je suive, que nous suivions. — Que je suivisse, que nous suivissions. — Que j'aie suivi. — Que j'eusse suivi. — INFINITIF. Suivre. — Avoir suivi. — Suivant. — Suivi, suivie, ayant suivi.

Poursuivre et *s'ensuivre* se conjuguent de même;

CONJUG.   6

mais *s'ensuivre* n'est d'usage qu'aux troisièmes personnes, et le plus souvent impersonnellement.

XXXIVᵉ. VAINCRE, *verbe actif.*

INDICATIF. Je vaincs, tu vaincs, il vainc, nous vainquons, vous vainquez, ils vainquent. — Je vainquais, nous vainquions. — Je vainquis, nous vainquîmes. — J'ai vaincu. — J'eus vaincu. — J'avais vaincu. — Je vaincrai, nous vaincrons. — J'aurai vaincu. — CONDITIONNEL. Je vaincrais, nous vaincrions. — J'aurais *ou* j'eusse vaincu. — IMPÉRATIF. (*Hors d'usage à la seconde personne du singulier.*) Vainquons, vainquez. — SUBJONCTIF. Que je vainque, que tu vainques, qu'il vainque, que nous vainquions, que vous vainquiez, qu'ils vainquent. — Que je vainquisse, que nous vainquissions. — Que j'aie vaincu. — Que j'eusse vaincu. — INFINITIF. Vaincre. — Avoir vaincu. — Vainquant. — Vaincu, vaincue, ayant vaincu.

Convaincre se conjugue de même.

XXXVᵉ. BATTRE, *verbe actif.*

INDICATIF. Je bats, tu bas, il bat, nous battons; vous battez, ils battent. — Je battais, nous battions. — Je battis, nous battîmes. — J'ai battu. — J'eus battu. — J'avais battu. — Je battrai, nous battrons. — J'aurai battu. — CONDITIONNEL. Je battrais, nous battrions. — J'aurais *ou* j'eusse battu. — IMPÉRATIF. Bats, battons, battez. — SUBJONCTIF. Que je batte, que tu battes, qu'il batte, que nous battions, que vous battiez, qu'ils battent. — Que je battisse, que nous battissions. — Que j'aie battu. — Que j'eusse battu. — INFINITIF. Battre. — Avoir battu. — Battant. — Battu, battue, ayant battu.

Abattre, combattre, débattre, ébattre, rabattre, rebattre, se conjuguent de même.

XXXVIe. VIVRE, *verbe neutre.*

INDICATIF. Je vis, tu vis, il vit, nous vivons, vous vivez, ils vivent. — Je vivais, nous vivions. — Je vécus, nous vécûmes. — J'ai vécu. — J'eus vécu. — J'avais vécu. — Je vivrai. — J'aurai vécu. — CONDITIONNEL. Je vivrais. — J'aurais *ou* j'eusse vécu. — IMPÉRATIF. Vis, vivons, vivez. — SUBJONCTIF. Que je vive, que nous vivions. — Que je vécusse, que nous vécussions. — Que j'aie vécu. — Que j'eusse vécu. — INFINITIF. Vivre. — Avoir vécu. — Vivant. — Vécu, vécu, ayant vécu.

Revivre et *survivre* se conjuguent de même.

VERBES HOMONYMES,

C'est-à-dire verbes qui, avec une orthographe et une signification différentes, ont la même ou à peu près la même prononciation.

Anoblir.	Compter.	Enter.	Pêcher.
Ennoblir.	Conter.	Hanter.	Pécher.
—	—	—	—
Bâiller.	Déceler.	Exaucer.	Rallier.
Bailler.	Desceller.	Exhausser.	Railler.
Bayer.	Desseller.		
—	·	—	Raisonner.
Buter.	Déférer.	Lacer.	Résonner.
Butter.	Déferrer	Lasser.	
—		—	Répandre.
Celer.	Dégoûter.	Panser.	Rependre.
Sceller.	Dégoutter.	Penser.	
Seller.			Tacher.
—	—	—	Tâcher.
Chaumer.	Délacer.	Pauser.	—
Chômer.	Délasser.	Poser.	Vanter.
—	—	—	Venter.

Verbes qui ne sont homonymes qu'à certains temps ou à certaines personnes.

Aller. Allier.	Déparer. Départir.	Lacer. Lacérer. Lasser.	Recouvrer. Recouvrir.
Buter. Butter. Boire.	Desserrer. Desservir.	Lier. Lire.	Remplier. Remplir.
Carrer. Carier.	Dorer. Dormir.	Mener. Menacer.	Repartir. Répartir.
Ceindre. Saigner.	Durer. Devoir.	Mirer. Mettre.	Rêver. Révérer.
Cirer. Scier.	S'écrier. S'écrire.	Moudre. Mouler.	Serrer. Servir.
Confier. Confire.	Être. Haïr.	Parer. Paître.	Soufrer. Souffrir.
Convaincre. Convenir.	Être. Suivre.	Parer. Partir.	Savoir. Suer.
Coudre. Coudrer.	Être. Fumer.	Peigner. Peindre.	Savoir. Sucer.
Crever. Crevasser.	Être. Sommer.	Plaire. Pleuvoir.	Teindre. Tenir.
Croire. Croître.	Déteindre. Détenir.	Policer. Polir.	Taire. Tuer.
Décrier. Décrire.	Fier. Faire.	Prier. Prendre.	Vaincre. Venir.
Dédier. Dédire.			
Défier. Défaire.	Fonder. Fondre.	Puer. Pouvoir.	Vivre. Voir.

FIN.

TABLE.

PREMIÈRE PARTIE.

SECONDE PARTIE.

FIN DE LA TABLE

PARIS. — IMPRIMERIE DE CASIMIR,
RUE DE LA VIEILLE-MONNAIE, N° 12.